ねじりロープのバスケット

作り方54ページ

撮影協力 山椒房

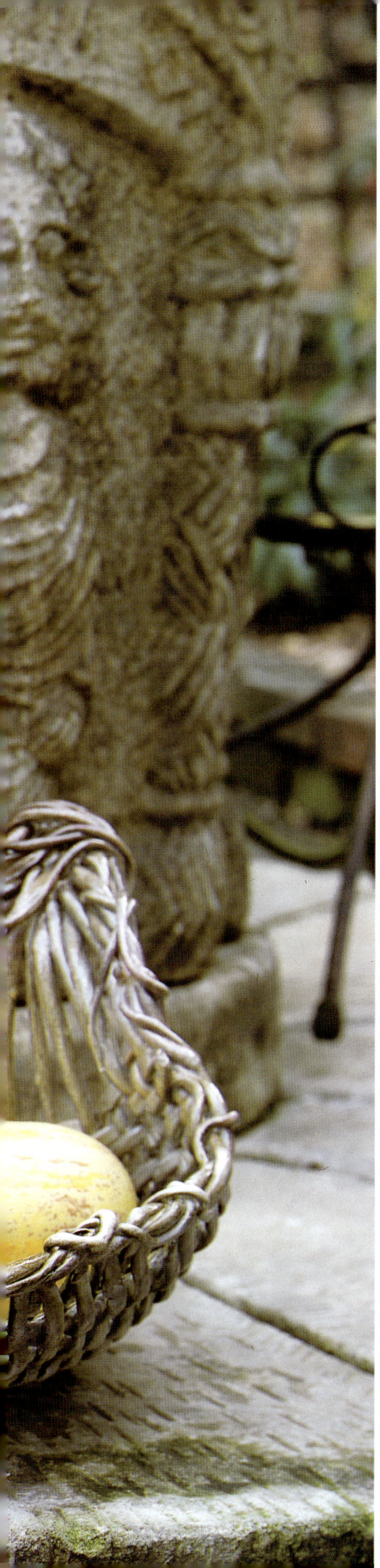

旅先の風景

左 **高さのあるインテリアかご**／作り方100ページ
右 **変形バスケット**／作り方98ページ

平かご／参考作品

バラのコンポート
／参考作品

撮影協力/貝殻亭

クラシカルエレガンス

ストック／作り方92ページ

右　**あけび風つるしかご**／参考作品
下　**傘立て**／作り方101ページ

撮影協力／山椒房　ドライフラワー／東急ハンズ

西歐風インテリア

手つきだ円のバスケット／参考作品

下 **あけびの**
バスケット／作り方100ページ
右 **ロバの鉢カバー**／作り方96ページ

西欧風インテリア

きんちゃく／作り方101ページ

撮影協力／山椒房・貝殻亭

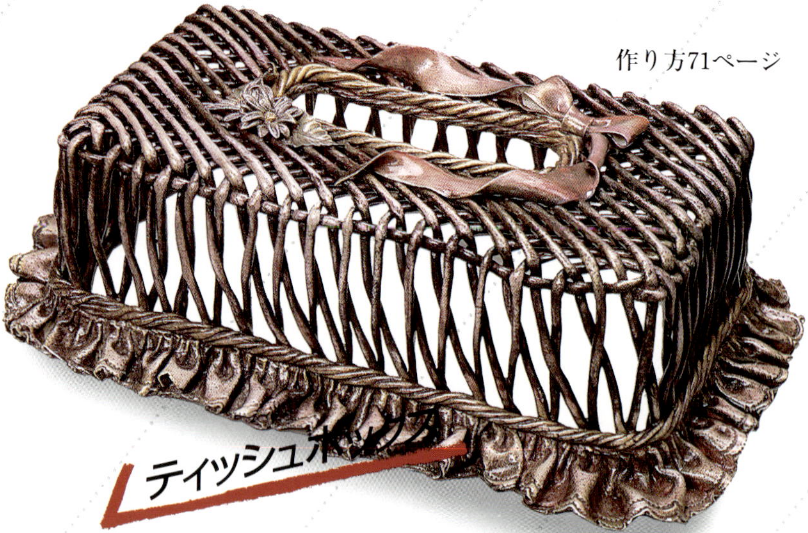

作り方71ページ

ティッシュボックス

高さのある鉢カバー

／作り方99ページ

鉢カバー

バラ飾りの白い鉢カバー

作り方100ページ

参考作品

素敵なインテリア

レターラック

作り方56ページ

作り方98ページ

マガジンラック

A

B

C

E

WHITE BASKET

G

D

H

F

A.六角形のバスケット／作り方96ページ
B.フリルの小物入れ／作り方70ページ
C.レース飾りのトレー／作り方97ページ
D.ループバスケット／作り方76ページ
E.フルーツ飾りのかご／作り方99ページ
F.ミニバラ飾りの白いバスケット／作り方97ページ
G.小さな小物入れ／参考作品
H.エレガントなロープバスケット／作り方98ページ

A

B

C

D

COLOR BASKET

F

G

E

A.赤いバスケット／作り方50ページ
B.濃紺の器／作り方96ページ
C.手のついた平バスケット／作り方99ページ
D.ふたつき小物入れ／作り方73ページ
E.ソーイングボックス／参考出品
F.ねじりロープの手つきかご／作り方67ページ
G.角形バスケット／作り方46ページ

輝くアクセサリー

A、B、C、D、E、F、G／原寸大型紙95ページ

H／作り方44ページ

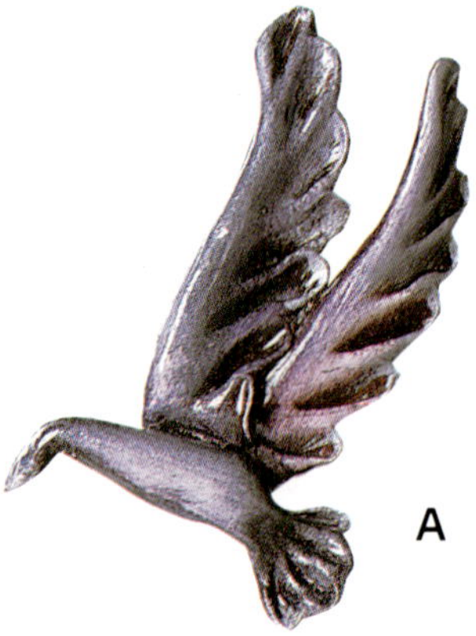

A

B

F
H

E

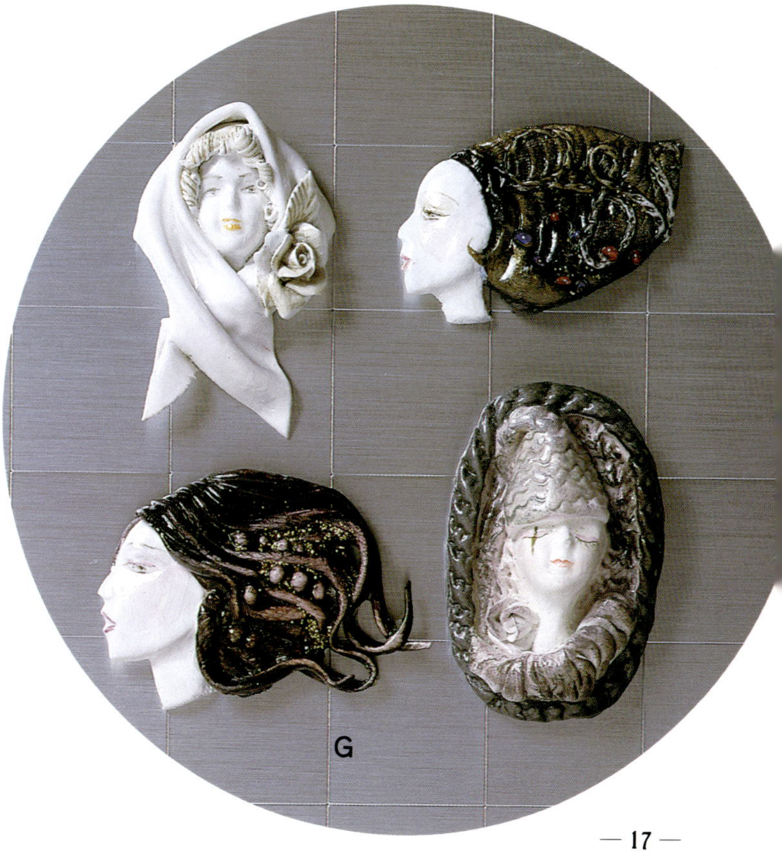
G

Clay Doll——ファッション

参考作品

ピエロ＆マリオネット

下 **ピエロ**／作り方94ページ
右 **マリオネット**／作り方82ページ

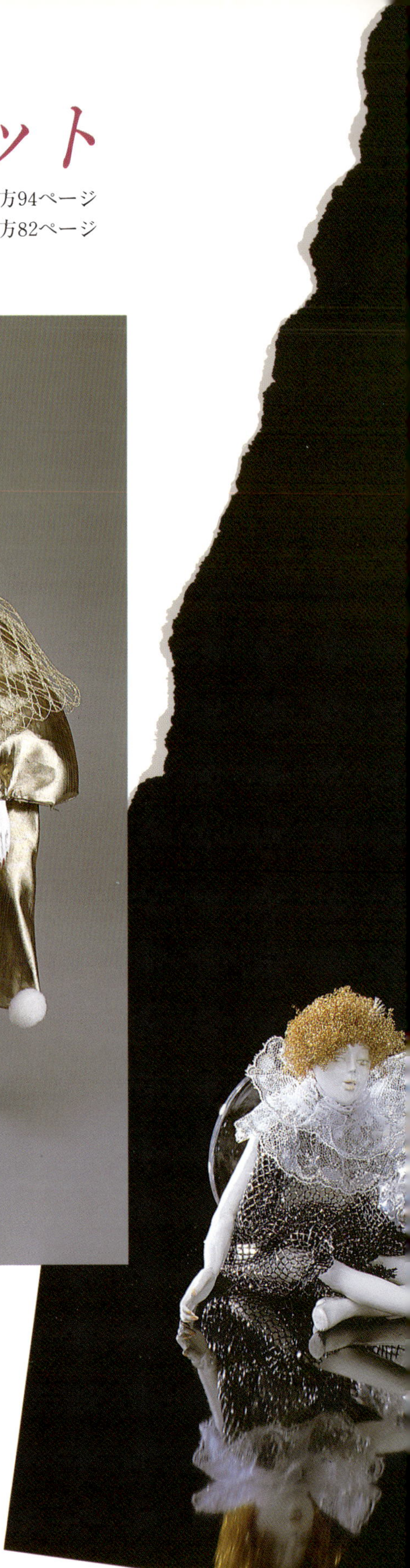

ナプキンリングと小物入れ
作り方97ページ

スタンドと小物入れ
作り方97ページ

ミニバラの花かご
作り方96ページ

ミニマーガレット
作り方91ページ

ミニチューリップ
作り方91ページ

フルーツのレリーフ
作り方93ページ

花のレリーフ
作り方61ページ

バラポシェット
の壁掛け
作り方58ページ

Christmas Collection

クリスマスのモビール
作り方88ページ

B

ミニリースA. B
作り方90ページ

テーブルと
いすのセット
作り方101ページ

ミニプレゼント
作り方88ページ

キャンドル
スタンドA
作り方90ページ

A

キャンドルスタンドB
作り方90ページ

クリスマスツリーの壁掛け
作り方89ページ

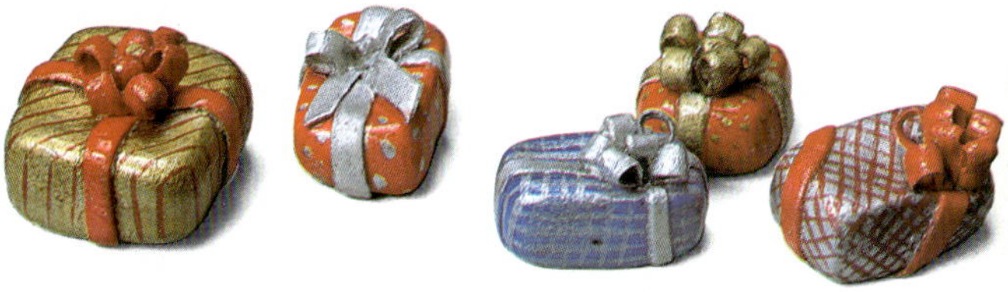

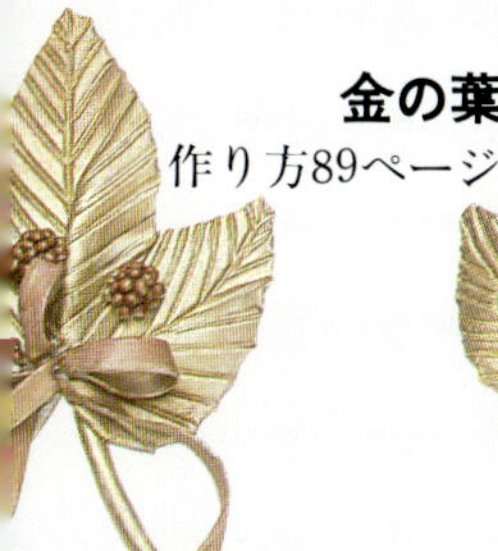

金の葉
作り方89ページ

かわいいシューズ
参考作品

リース&レリーフ

リース／作り方64ページ

リース／参考作品

花のレリーフ／作り方93ページ

レリーフ／参考作品

撮影協力/外瀬邸

トレー／作り方99ページ

撮影協力／外瀬邸

ワインラック／作り方99ページ

ワインラック&トレー

白いつぼ／参考作品

撮影協力/外瀬邸

Harmony——静

貝のような大きな器／作り方101ページ

籐編み風のバスケット

作り方100ページ

ワイルドローズのバスケットと少女

タイル画—Relief

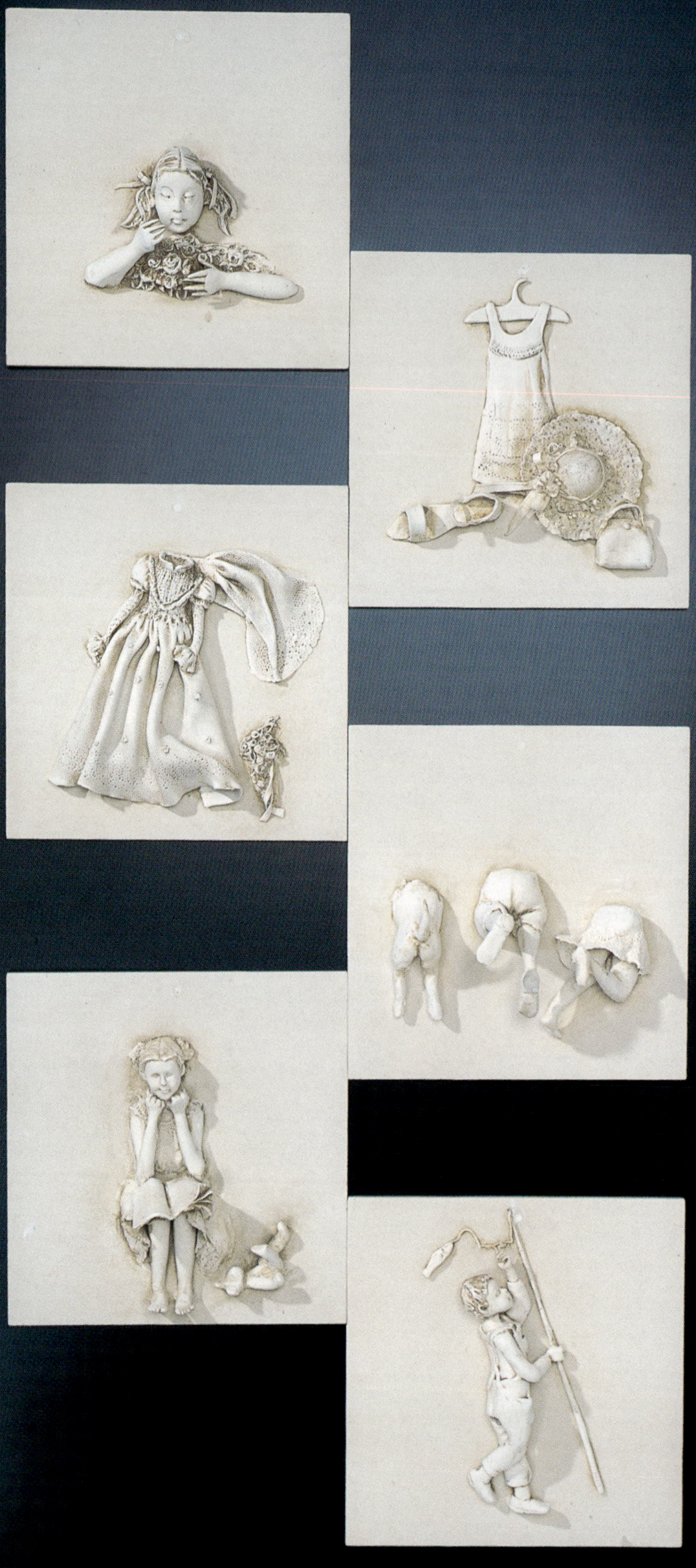

Process1

タイル画―*Relief*

●作り方

1. 各パーツをカットして用意します。
2. ドレスの模様を7本針でつけます。
3. 帽子はトップをつけて、タワシでたたいて模様をつけ、バラなどの飾りをつけます。
4. 各パーツを合わせて、サンダル靴を作ります。
5. バッグを作ります。
6. ホルゾ板にそれぞれを立体的にデザインしてつけます。
7. ローアンバーで薄めに着色したあと、湿った布で拭き取ります。

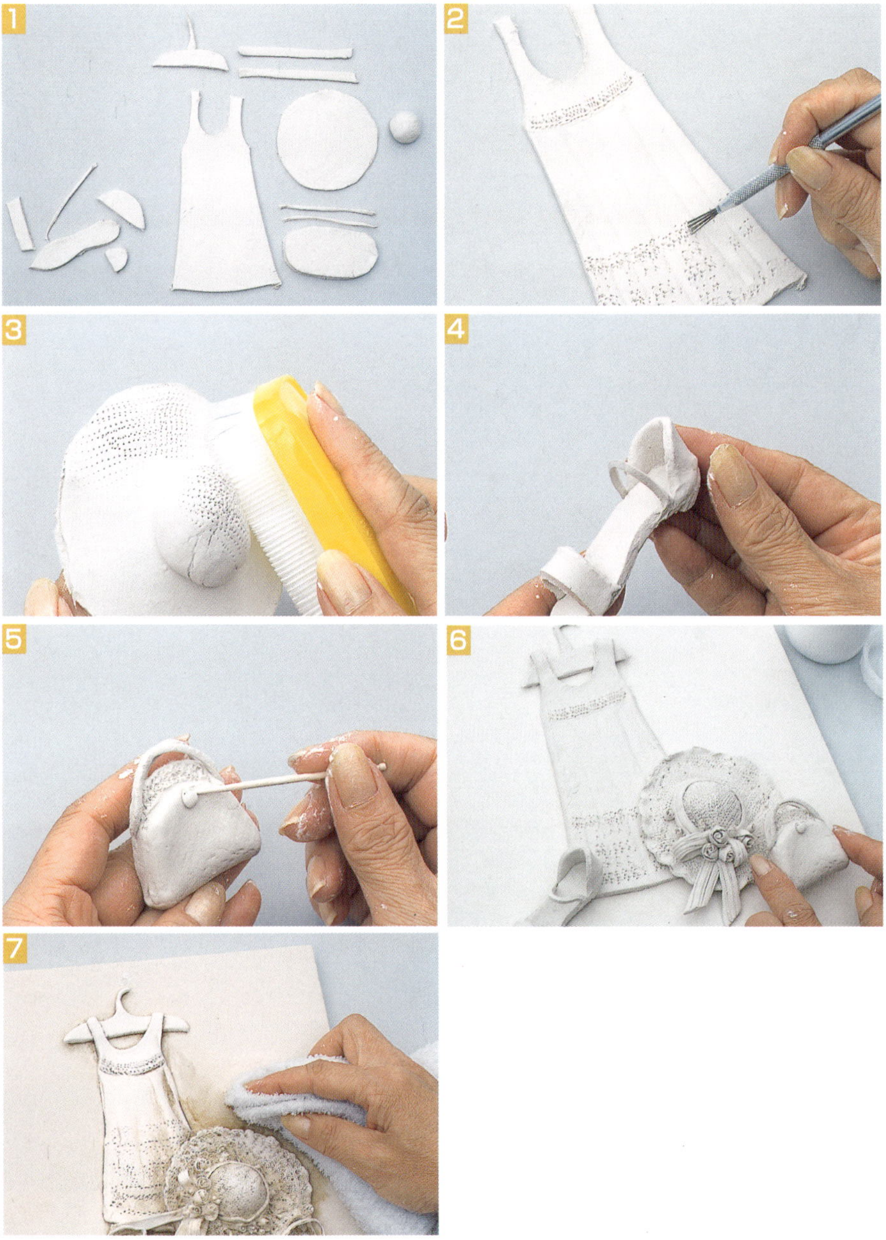

家なみ— Clay House

Process2

家なみ—Clay House

●作り方

1. スタイロホームを家型に切り、3〜4箇所を楊枝で止め、ベースの粘土をすり込むようにのばしてくるみます。
2. 片面ずつ、厚さ2ミリぐらいに板状にのばし、タワシで質感を出した粘土を貼りつけます。
3. ドア、窓部分を押し型などで押さえます。
4. 柱、屋根の瓦、タイルなどを形作り、水のりをつけながらのせていきます。

5.6. 庭になるベースをスタイロホームで形作り、少しずつ粘土を加えながら、芝生、植木、階段、垣根、レンガの塀などをモデラや7本針を使い、表現します。

●彩色ー重ね塗り

1. 下地はこげ茶で全体に塗り、その上に好みの色を重ね塗りをすると深みのある色になります。
2. 好みの色+茶色で塗ります。
3. ハイライトを白で、全体に光が差すように入れます。
4. クリーム色をハイライトの1/3に入れます。
5. ハイライトの部分に原色を少量入れます。
6. 面相筆で小花を描いていく。

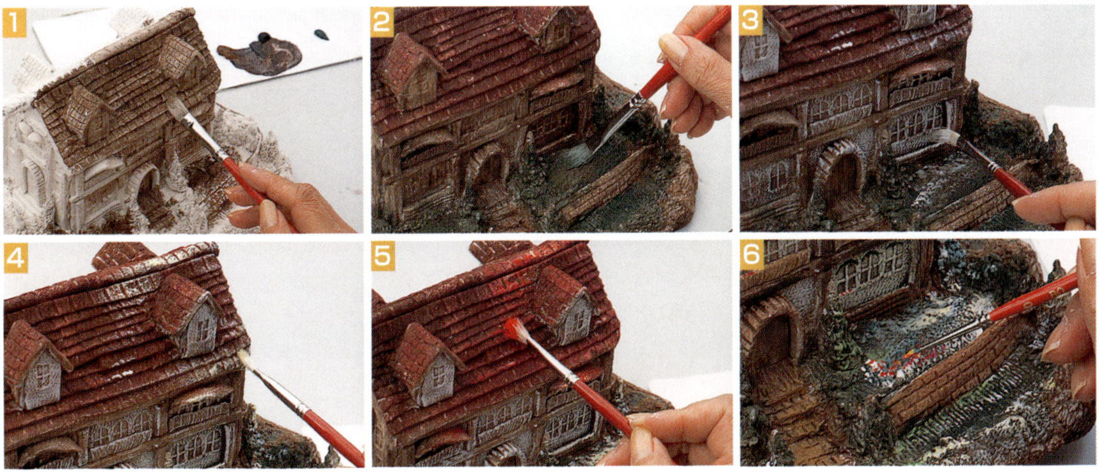

ユニコーン— *Unicorn*

Process3

ユニコーン — Unicorn

●作り方

1. 足の形を作り、ワイヤーを芯に入れ、関節を曲げて、余分なところを削ぎ、足下部分に蹄を巻きつけたものを4本作ります。
2. 厚さ1cmのスタイロフォームを芯にした、ボディーに肉づけをしたあと、薄くのばした粘土でくるみます。
3. 馬の骨格を考えながら、頭部を作ります。
4. ボディーに頭をのせ、首部を同化させます。
5. 胴部の足のつけ根部分4箇所に指で穴を開け、水のりで足を同化させながら筋肉をつけます。
6. たてがみ、羽、しっぽ、角などをつけます。
7. ゴールドで彩色します。

DECOの材料と用具

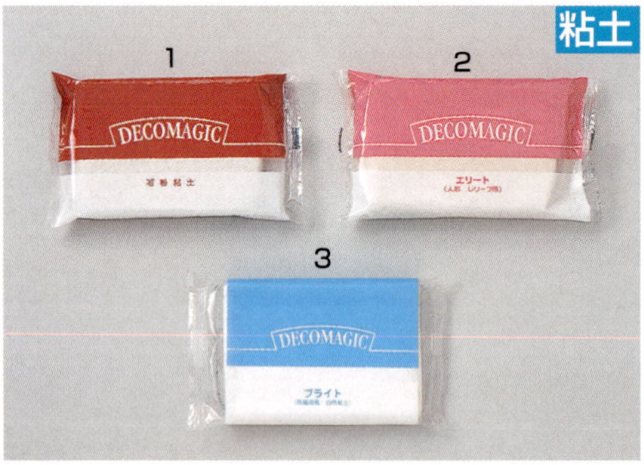
粘土
1
2
3
DECOMAGIC
DECOMAGIC
エリート
DECOMAGIC
ブライト

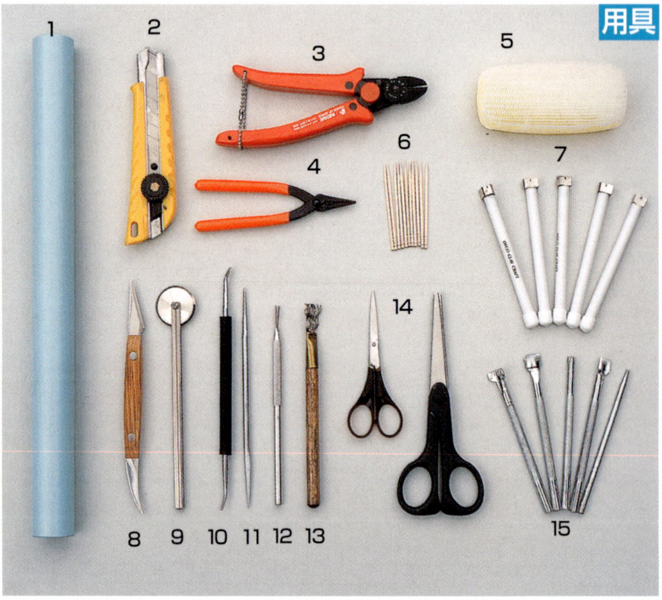
用具
1
2
3
4
5
6
7
8
9
10
11
12
13
14
15

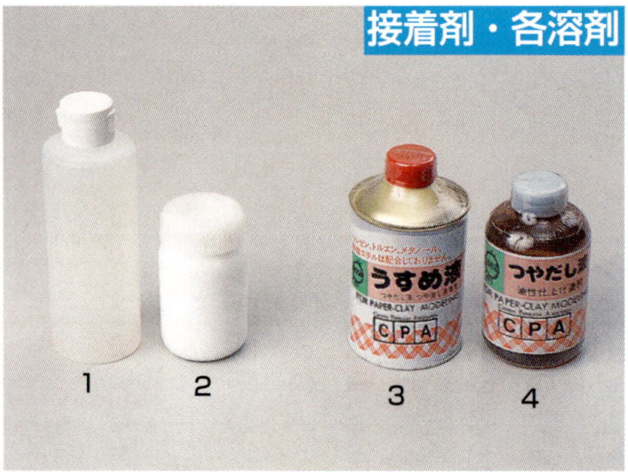
接着剤・各溶剤
1
2
3
4
うすめ液
つやだし液
CPA
CPA

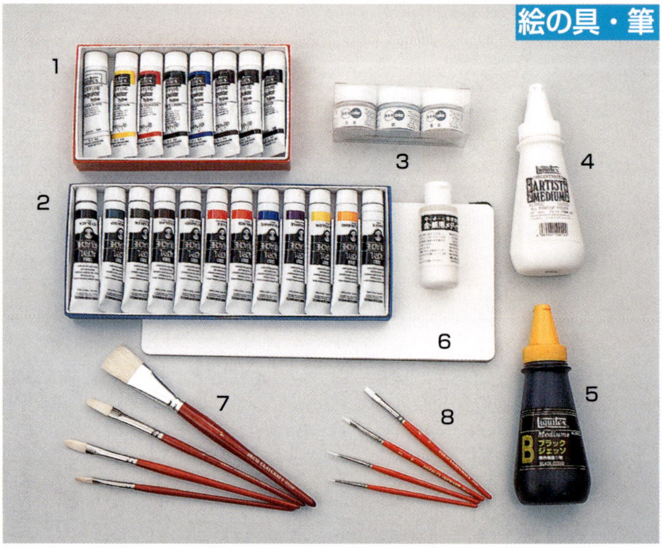
絵の具・筆
1
2
3
4
5
6
7
8

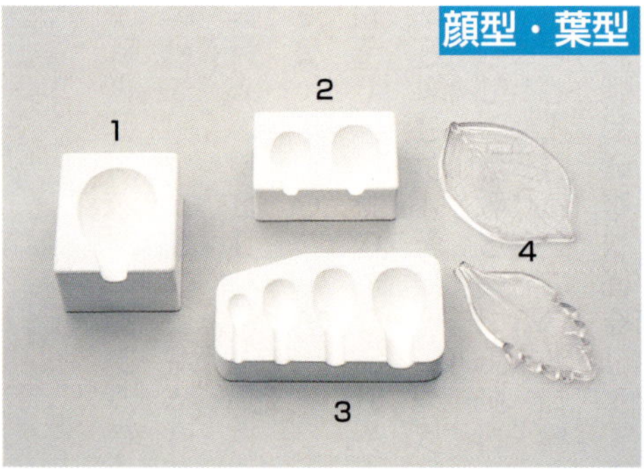
顔型・葉型
1
2
3
4

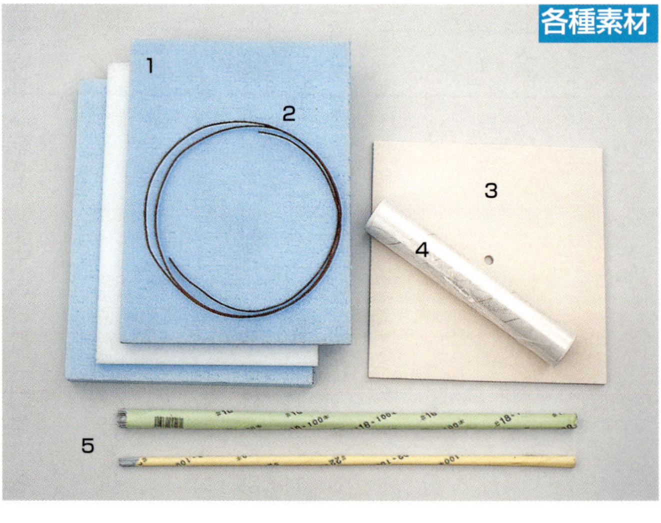
各種素材
1
2
3
4
5

材料と用具

粘土

1. 石粉粘土…編むことに適した粘土です。乾燥すると強度を増し、重量感もあり、陶器風に仕上がります。思い通りの着色も可能です。
2. エリート…レリーフ・人形などに適した同化しやすい石粉粘土で、着色可能です。
3. ブライト…陶磁器風に仕上がる真っ白な粘土です。乾燥後、ヤスリをかけることができ、滑らかな仕上がりになります。

用具

1. のばし棒…粘土を板状に薄くするときに使います。
2. カッター…スタイロフォームをカットするときに使います。
3. ニッパー…ワイヤーをカットするときに使います。
4. ペンチ…先端が細く出来ていて、鎖をつないだり、曲げたりするときに使います。
5. ビニールタワシ…粘土上でたたくことによって、地模様をつけることが出来ます。
6. 楊枝…ちょっとした模様やすじをつけるのに利用したり、束ねて、地模様をつけたりするときに使います。また、スタイロフォームのつなぎ目に差し込むことにより、接着を強化させます。
7. 押し型（窓）…粘土に押しつけて様々な窓やドアを表現します。
8. 両刃カッター…板状にした粘土をカットしたり、くり抜いたりするときに使います。
9. カットローラー…薄くのばしたあとの粘土を自由な形にカットするときに使います。
10. モデラ…指先で処理できない、細かい部分を形成するときに便利です。
11. 細工棒…人形の顔、花びらの表情、葉脈をつけるときに使います。
12. 7本針…人形の髪の毛、バスケットの模様、木や草の風合いなど、たたいたり、押しつけたりして、様々な模様を作るときに使います。
13. ウェーブ針…7本針同様にたたいたり、押しつけるなどして使用します。（7本針より少し荒い模様になります。）
14. ハサミ…ハサミ大は粘土を大きく切ったり、バスケットの手などを切ります。ハサミ小は先端が薄く出来ているため、細かい細工に使います。
15. 押し型…レースの縁取り模様、花模様などをつけるときに使用します。

絵の具・筆

1. アクリル絵の具（8色セット）…赤・青・黄・黒・茶・薄茶・白・緑。透明感のある絵の具で、乾くと耐水性があり、つやありです。
2. アクリルガッシュ絵の具（12色セット）…赤・青・黄・紫・オレンジ・ピンク・黒・白・茶・緑・青緑・チョコレート。不透明で、厚く塗るとビロードのようになり、乾くと耐水性があり、つやなし。
3. 金・銀・赤金…粉末になっていて、メジューム1：水1で溶かして使います。乾燥後、耐水性あり。
4. ジェッソ…下地塗りや白く陶磁器風に仕上げたいときに使います。アクリル絵の具に混ぜても使います。
5. 黒ジェッソ…下地塗りや黒に仕上げたいときに使います。耐水性があり、つやなし。
6. ペーパーパレット…絵の具を溶いたり、混ぜ合わせたりする、使い捨ての紙製のパレットです。
7. 豚毛の筆…平刷毛（小）・14号・12号・10号。下地塗りのときに使います。石粉粘土の彩色用に適しています。
8. 面相筆（4本セット）…人形の顔、柄など細かいところを描くのに使います。

接着剤・各溶剤

1. 水のり…粘土どおしの接着や、制作中にひびが入った箇所になでつけたりして、目立たなくさせます。
2. ボンド…粘土どおしをしっかりとつけるときに使います。
3. うすめ液（筆洗い液）…つや出しに使用した筆を洗います。
4. つや出し液…着色後、つやを出すのに使います。

素材

1. スタイロフォーム…カットして芯に使います。厚さは1cm・1.5cm・2.5cmがあります。
2. 園芸用銅線…関節を曲げる馬や人形の足の芯として使うと便利です。
3. ホルゾ板…粘土のタイル板です。
4. ラップ…型に粘土がつかないようにくるんだり、型を外しやすくするために使います。
5. ワイヤー…バスケットの手持ち、人形の首、花の茎などの補強に18番と22番を使い分けます。

顔型・葉型

1. 顔型（エンジェル）…エンジェルの顔型を抜くときに使います。
2. 顔型（子供）…子供の顔型を抜くときに使います。
3. 顔型（4面）…大から小までの顔型を抜くのに使います。
4. 葉型…葉や花弁などを形作ります。

編み地

ここに紹介した編み地とロープはほんの1例です。ロープの太さや本数、編み方を変えることによって、創作の世界が広がります。

ロープ

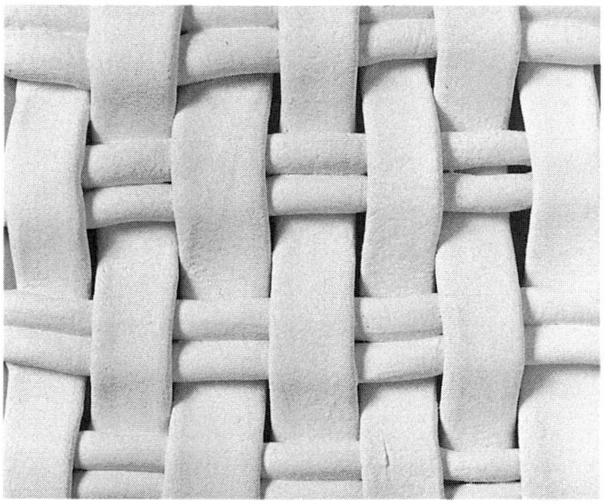

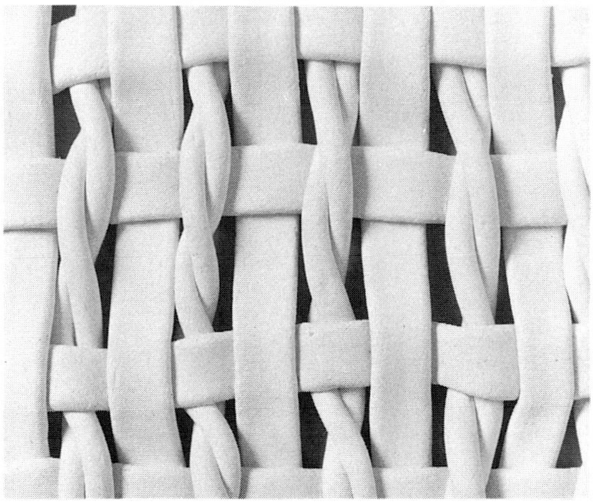

バラのネックレス 口絵17ページ

10cm

●材料

粘土少々。ネックレスのひも(細ひもを70cm長さで10本)と止め具1組。強力接着剤。

●作り方のポイント

大きなバラの割合には軽く仕上がります。ただ花の高さが過ぎると見た目にも重い感じになりますから、胸によくフィットするように3cm位にカットします。

彩色は着色後、部分的にふき取るふき取り法で仕上げてあります。この方法は初心者の方にも楽にできますし、自然に仕上がります。好きな洋服の色に合わせての色づけは、手作りならではのものです。

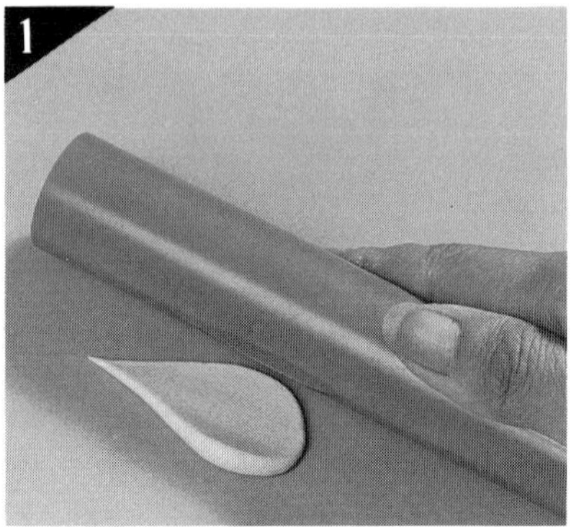

1 梅干大の粘土を涙状に作り、4ミリ厚さに伸ばして葉にします。

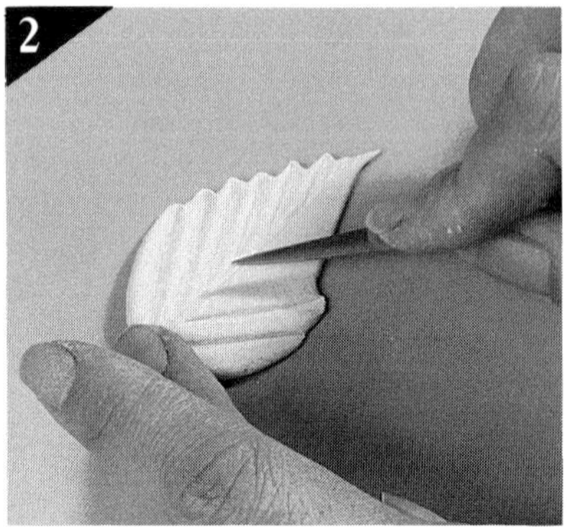

2 ハサミの先で中心と、中心から外側向けて葉脈を入れます。

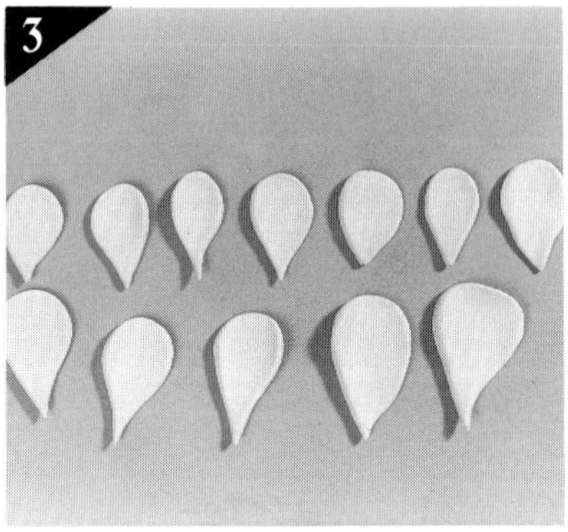

3 葉と同じように涙状をつぶした花びらは大小混ぜて12枚用意します。

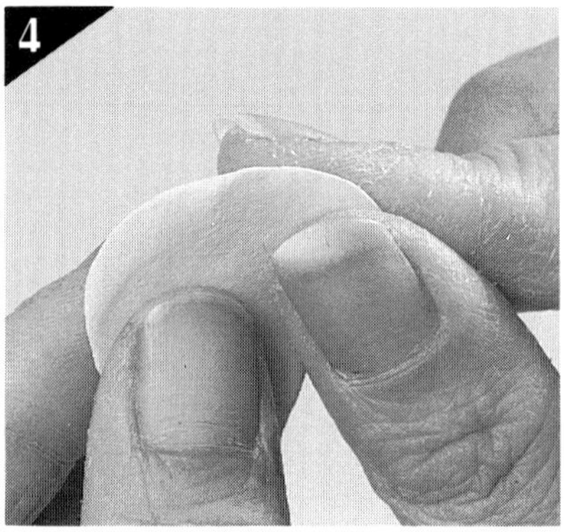

4 花びらの縁を指先で薄くして表情を出します。

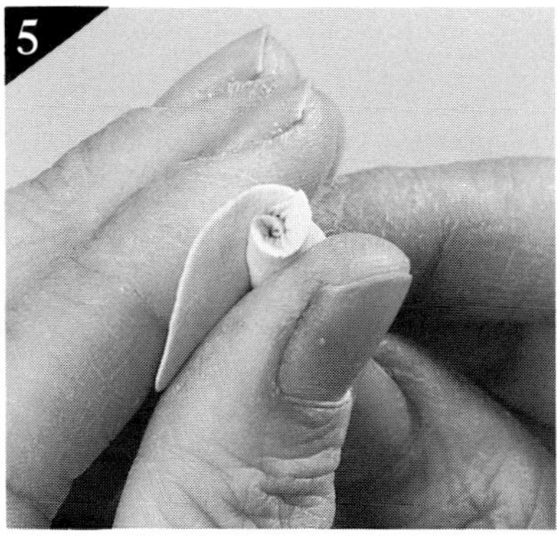

5 1枚の花びらを小さく巻き込み、花芯を作ります。

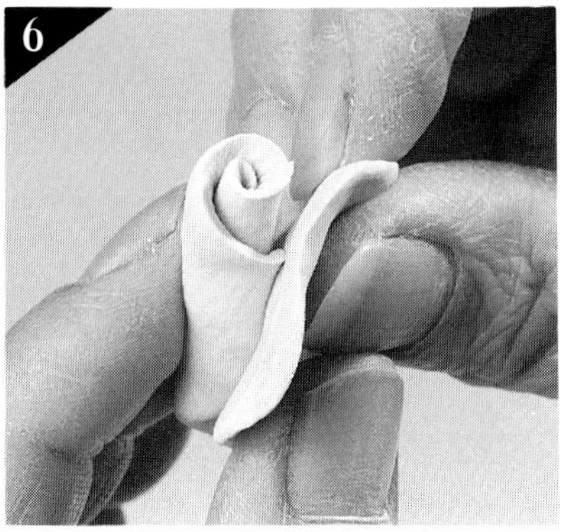

6 花芯の回りに花びらを同じ高さにつけます。

7 3枚の花びらをともえ状につけて一回りにします。

8 次の花びらは前の間につけて3枚でまとめ、最後に5枚つけます。

9 外側の花びらから指先でへり返らせて表情をつけます。

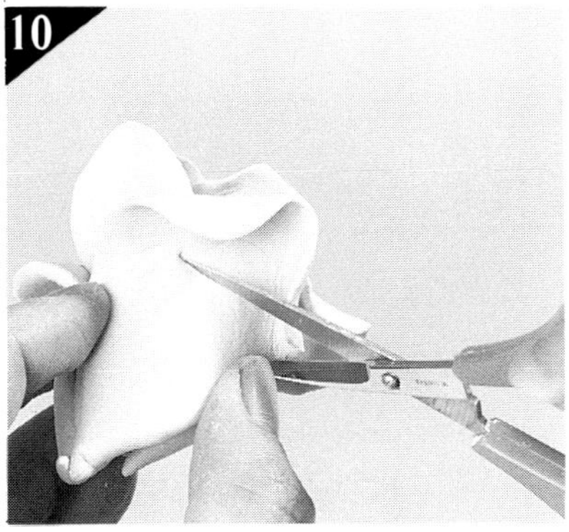

花の高さが3cm位になるように根元を切り落とします。

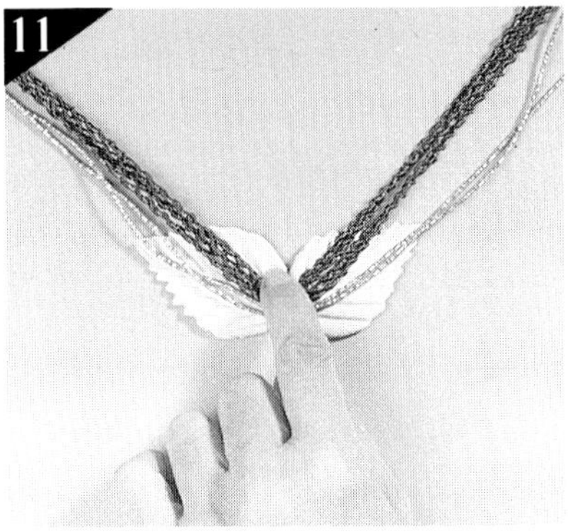

2枚の葉をV形に置き、その中心にひもの中心を合わせてのせます。

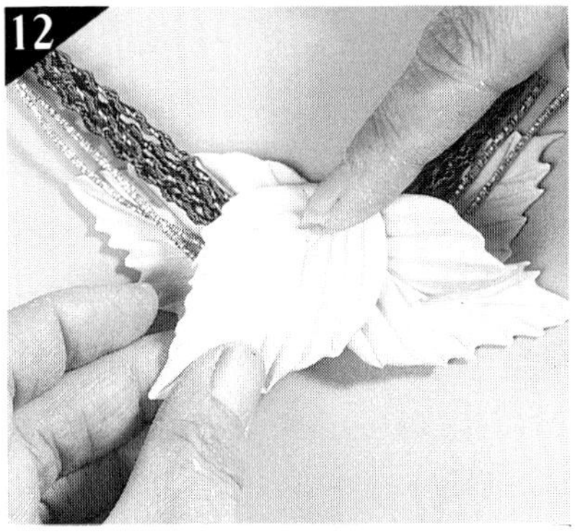

ひもの上に2枚の葉を山形に置いて、ひもをはさみます。

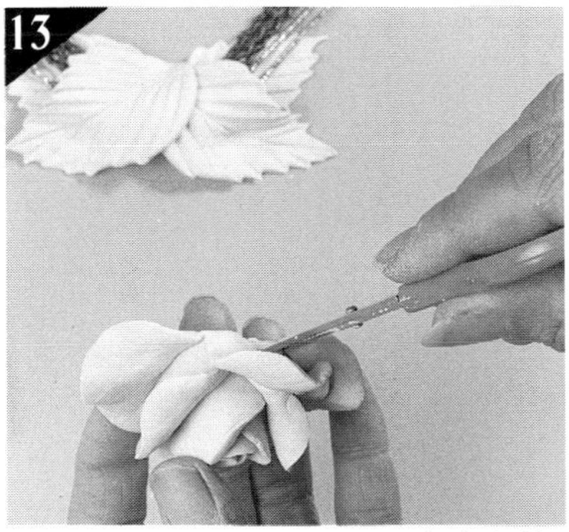

花の根元側にハサミの先を突き差し、葉の中心にのせてつけます。

花がよくつくように角度を変えながら押さえて同化させます。

花はあまり水で薄めずに赤と黒の絵の具を混ぜ、べた塗りします。

絵の具が乾かないうちに、ぬれた布で部分的にふき取ります。

ふき取った上に茶を塗り、アクセントがつくようになじませます。

葉はあまり水で薄めずに緑と茶を混ぜ合わせてべた塗りをします。

絵の具が乾かないうちに、ぬれた布で部分的にふき取ります。

花の色を、葉にも少し塗り、単調さを補います。

ひも先に金具をつけて仕上げます。

角形バスケット 口絵15ページ

●材料

粘土3個。18番ワイヤー1本。木工用ボンド。空箱(25cm×20cm×7cm)。ラップ。

●作り方のポイント

粘土の特性を充分に生かした基本型バスケットです。適量の粘土を両手で均等に力を入れ同じ太さのロープを作りながら乾かないうちに編み上げるのがコツです。編み芯は編み地の重なりの下部分で継ぎ足します。手は中にワイヤーがはいっています。

型に添わせて編むので、安心して粘土に親しめます。

型(空箱)をラップでくるみます。

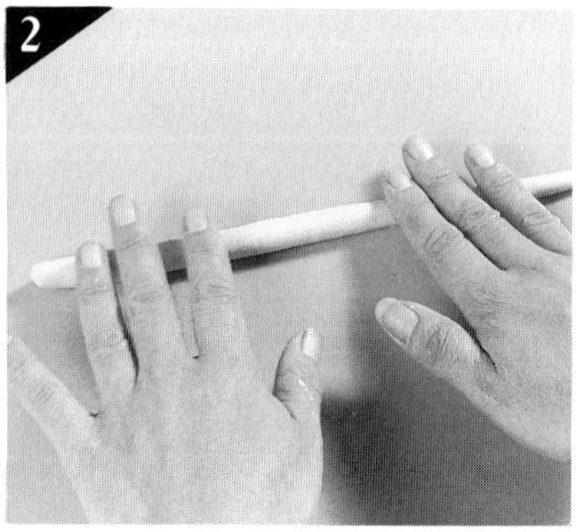

粘土を直径1cmのロープ状に伸ばします。

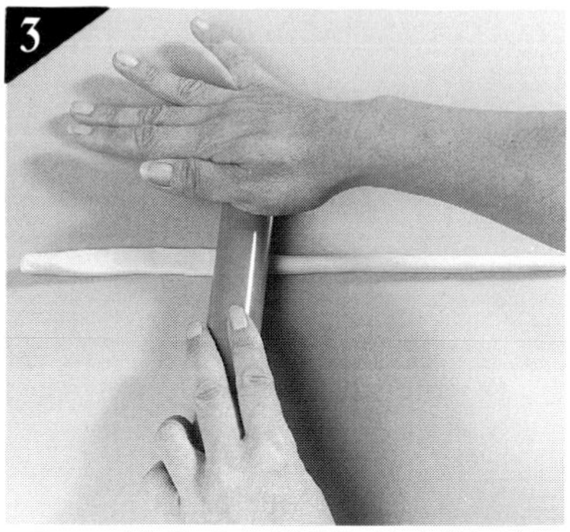

ロープを約5ミリ幅にめん棒で伸ばして平ロープに作ります。

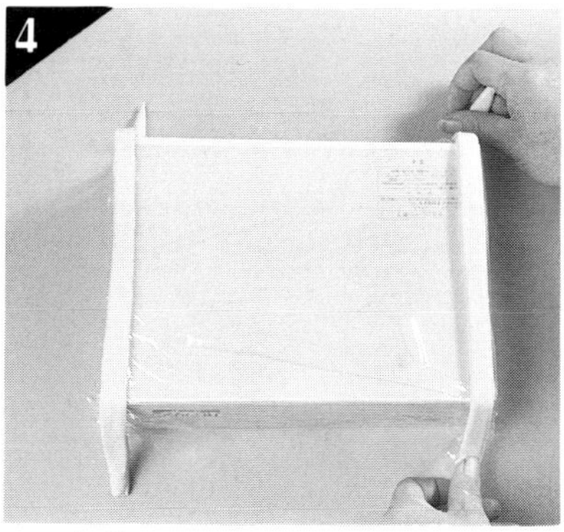

型を横長に置き、35cm長さの平ロープを縦に5本並べます。

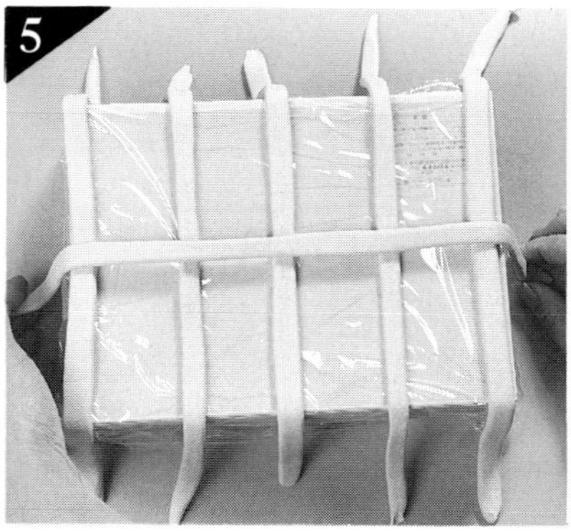

40cm長さの平ロープ1本を横中央に渡してつけます。

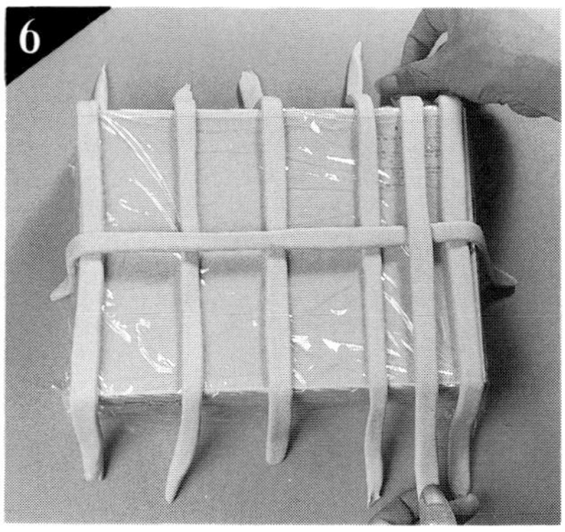

4の平ロープの間に、同じ長さの平ロープをのせます(4本)。

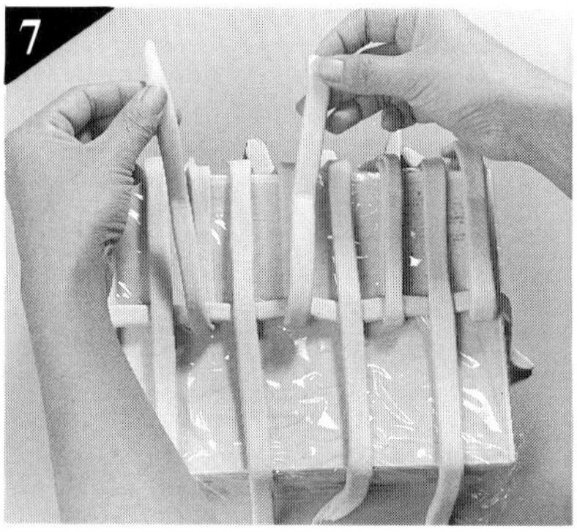

4の平ロープを、横の平ロープから上に折ります。

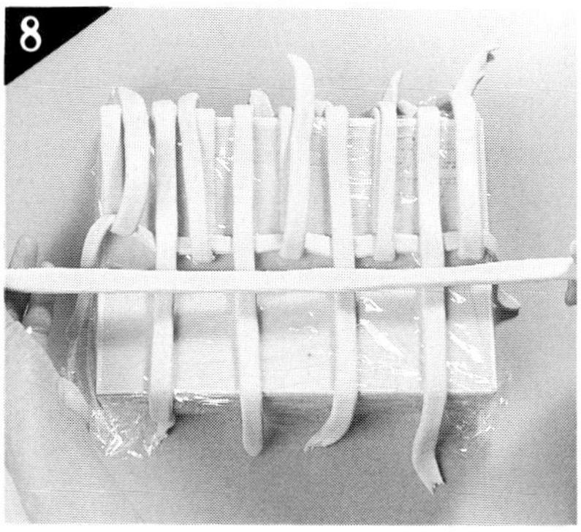

横に平ロープを1本のせます。

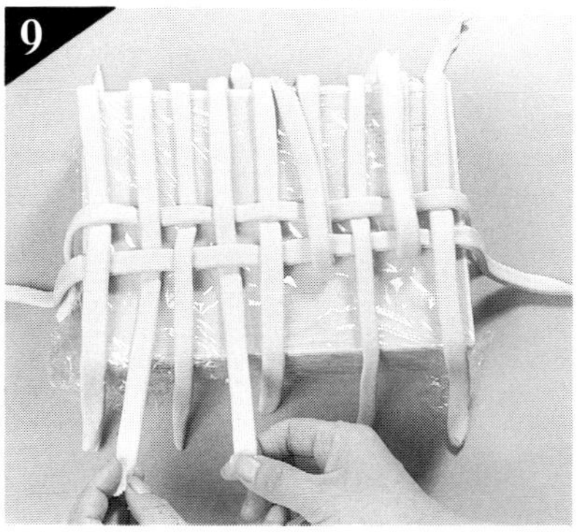

折り上げた平ロープを元に戻し、**6**でのせた平ロープを折ります。

10

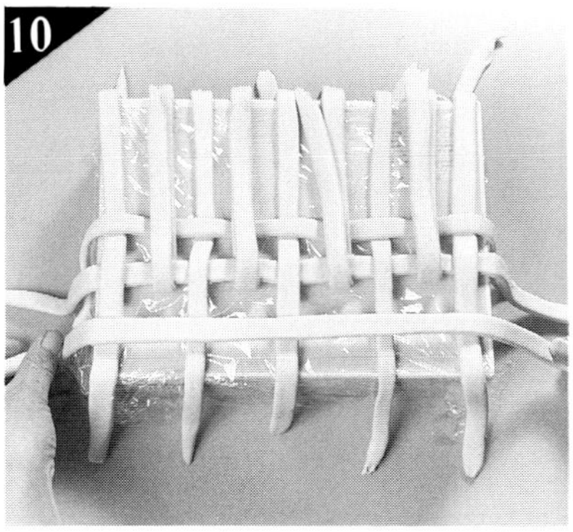

縦の平ロープを交互に折りながら横の平ロープをのせ底を編みます。

11

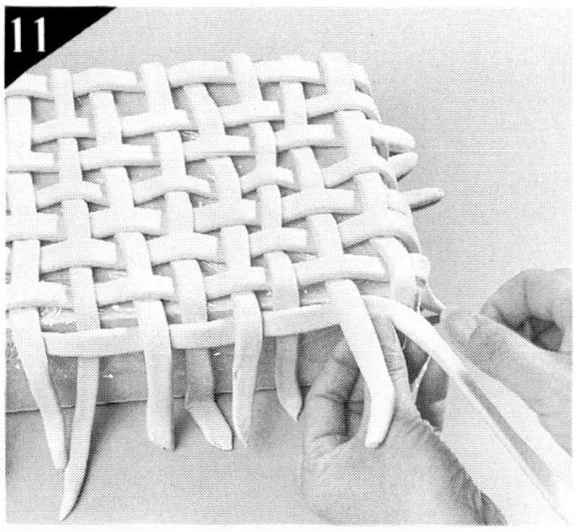

側面は、底面平ロープを交互にすくいながら、平ロープで編みます。

12

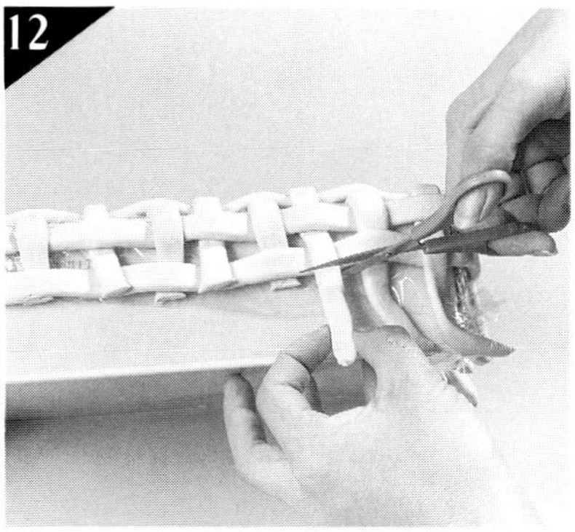

側面は2段編み、残った平ロープを切り落として深さをそろえます。

13

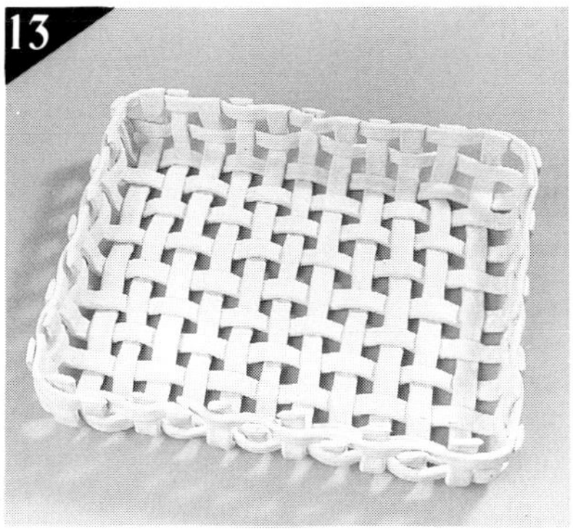

形を整えて乾燥させ、型からはずします(本体のでき上がり)。

14

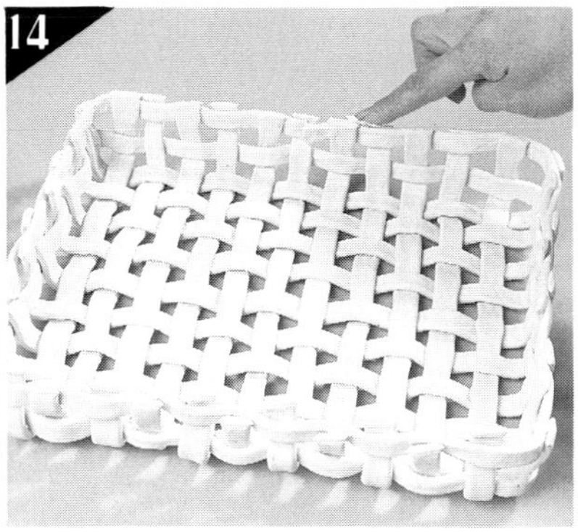

本体の縁回りにボンドをつけます。

15

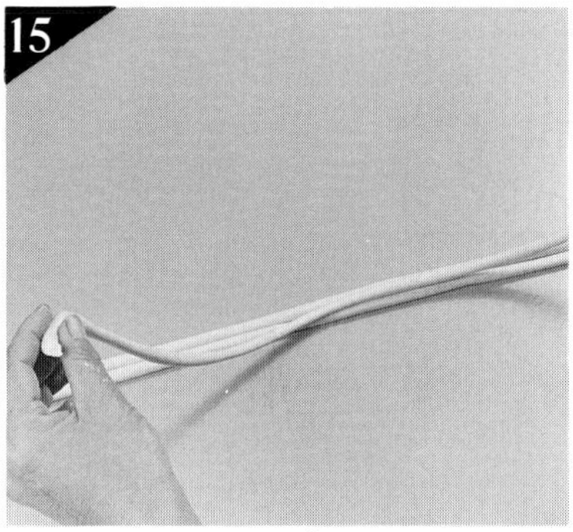

直径8ミリのロープを3本作り、2本を横に並べ1本を上にのせます。

16

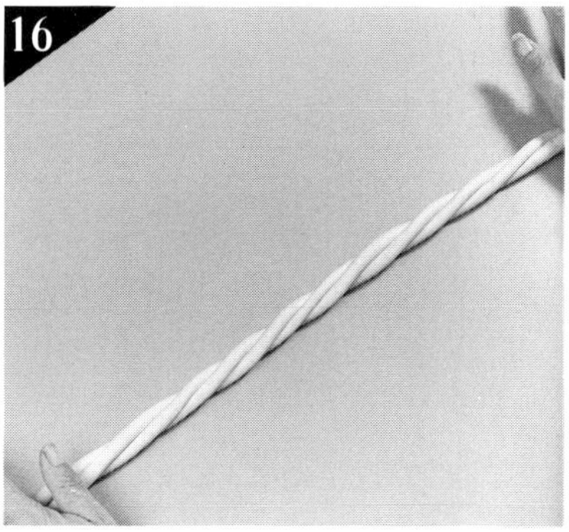

三角に積んだロープの端を両手で動かしてねじります。

17

ねじりロープを本体の縁回りにつけます。

18

ねじりロープを継ぐ時は、ねじり方向に合わせて斜めに切ります。

19

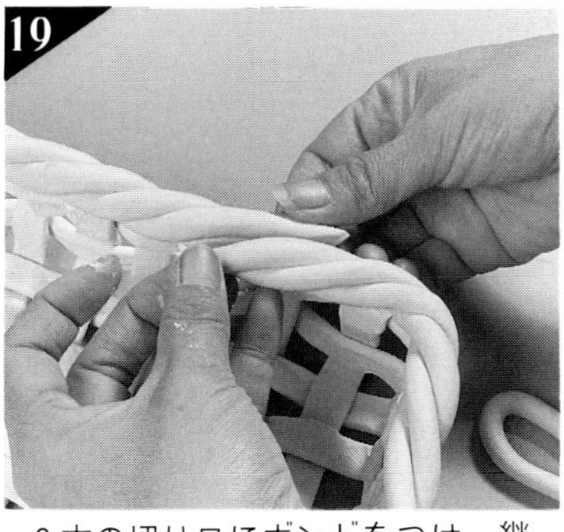

2本の切り口にボンドをつけ、継ぎ目が分からぬように張ります。

20

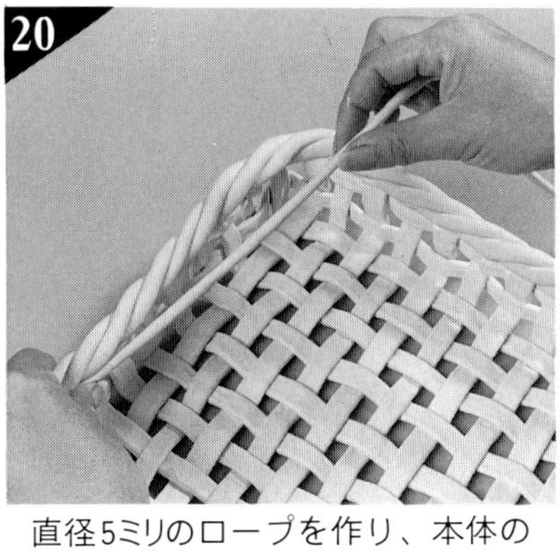

直径5ミリのロープを作り、本体の縁の内側につけます。

21

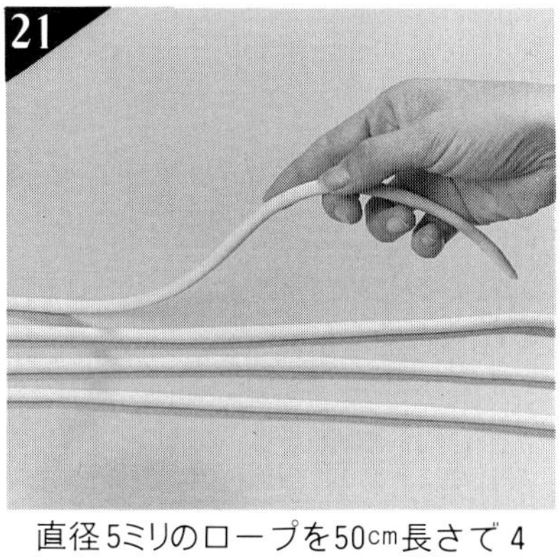

直径5ミリのロープを50cm長さで4本作って並べます。

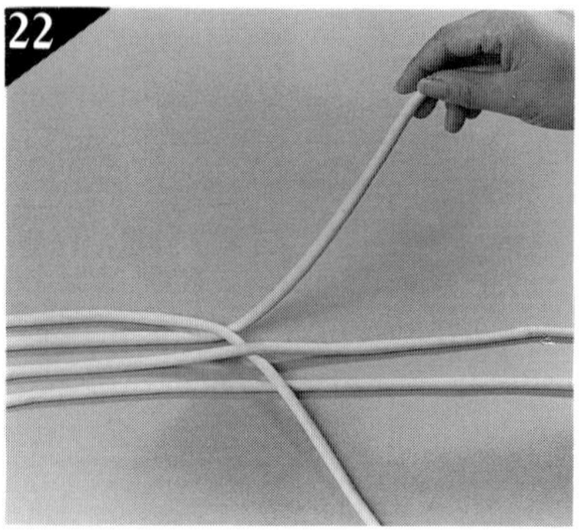

向こう側の1本を、残り3本に上、下、上と手前側にくぐらせます。

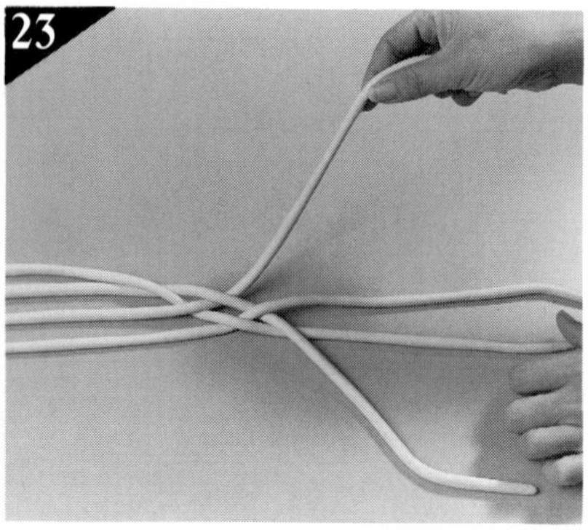

22と同じように、向こう側から手前にくぐらせて編みます。

45cm長さ（ワイヤーの寸法）になるまで編み上げます。

直径8ミリのロープを、1cm幅に伸ばし、45cmの平ロープに作ります。

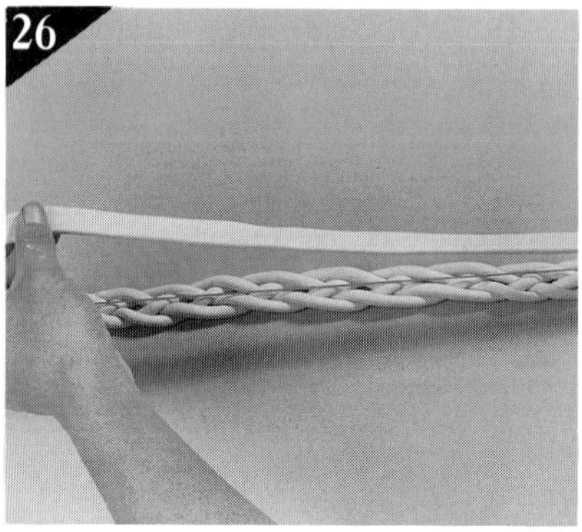

編みひもを裏返し、ワイヤー、平ロープの順に重ねて置きます。

でき上がった手は両端を持ち、本体幅になるまで静かに曲げます。

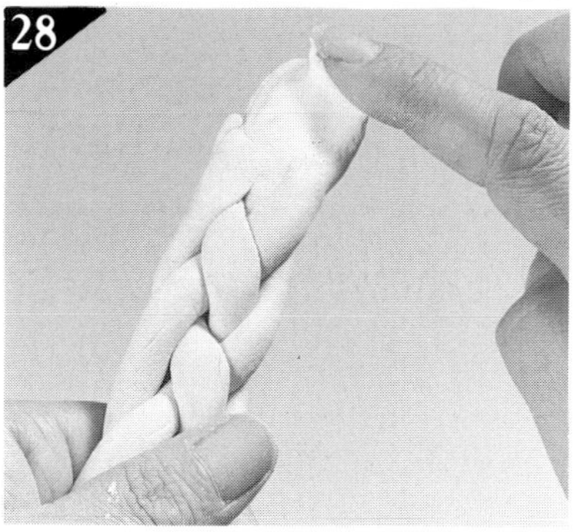

手の両端の編みひも側（表側）にボンドをつけます。

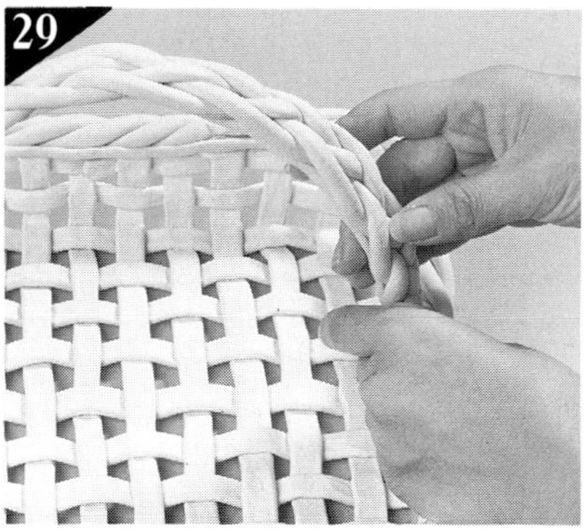

本体の内側にしっかりと手をつけます。

両手で、手のカーブをもう一度整えます。

直径8ミリ、5cm長さのロープで手のつけ根を巻いて補強します。

ロープをよく押さえて、手を固定させます。

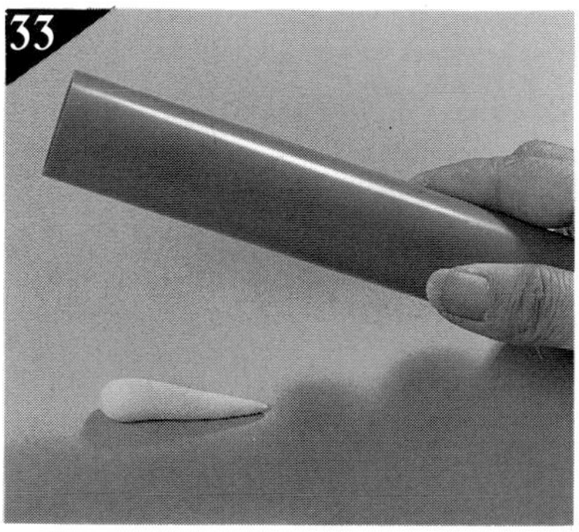

葉は梅干大の粘土を涙状に作り、めん棒で平たく伸ばします。

34

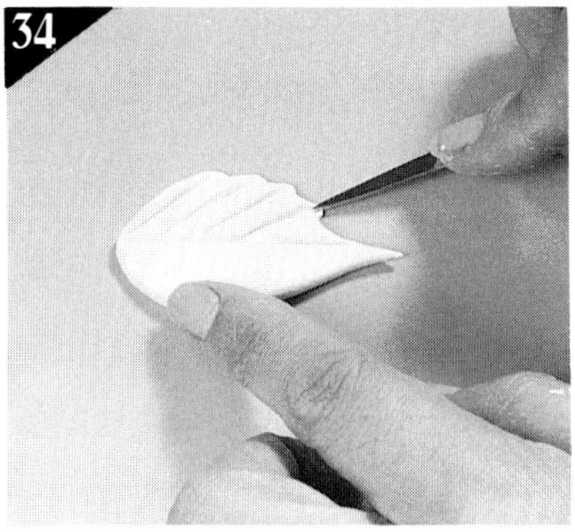

葉の中心に筋を入れ、筋から外側に向けて筋を入れ葉脈をかきます。

35

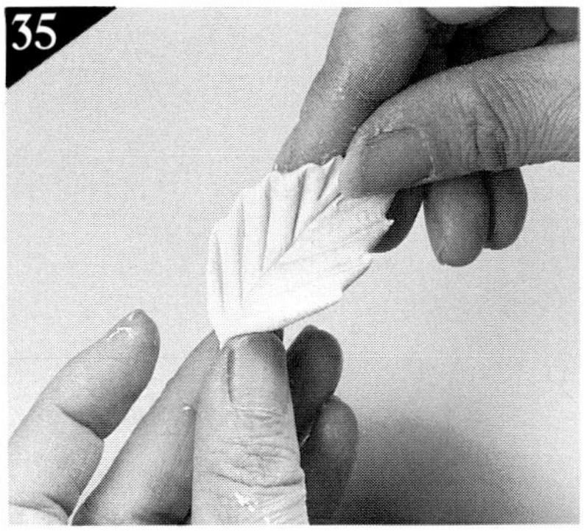

真ん中を少しつまんで、葉の柔らかさを出します。6枚作ります。

36

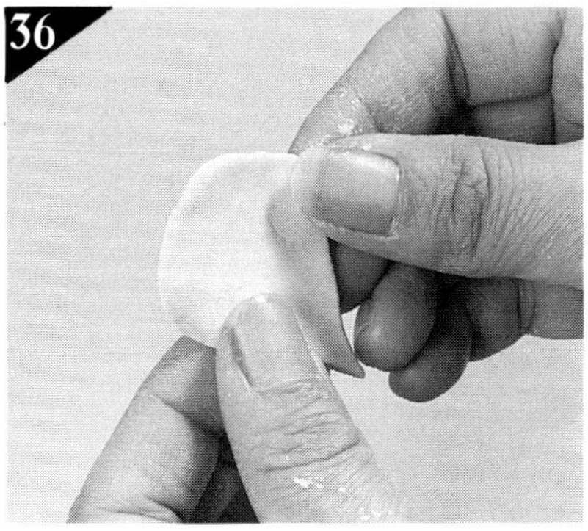

花は葉と同じに伸ばし、縁を指先でつまんでさらに薄く伸ばします。

37

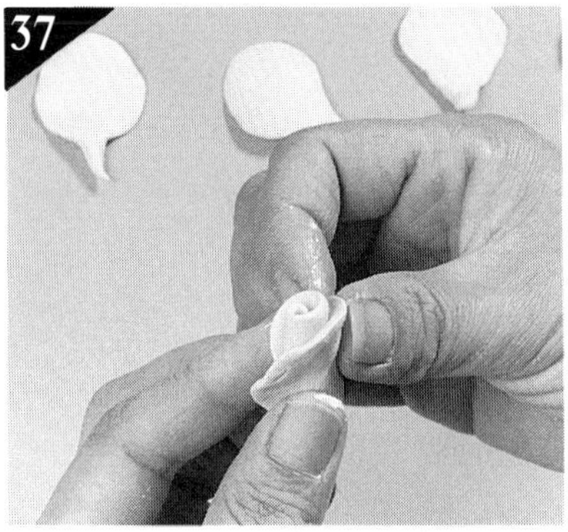

1輪に12枚の花びらを用意し、1枚を花芯にして、小さく巻きます。

38

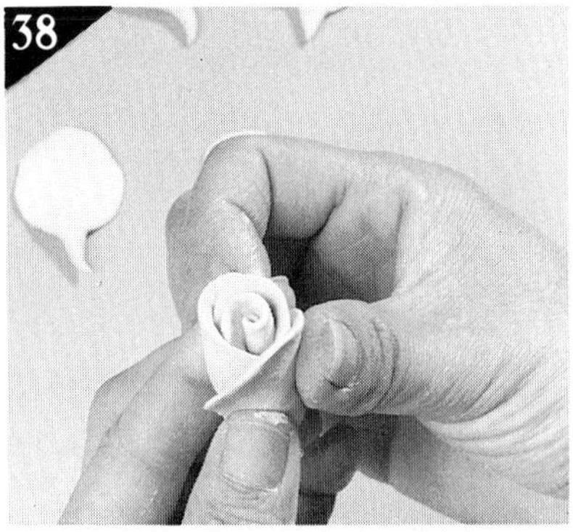

花芯の外側に3枚をともえ状につけ、その間にさらに3枚つけます。

39

残った5枚を外側につけてまとめ、花びら先を指先で表情をつけます。

40

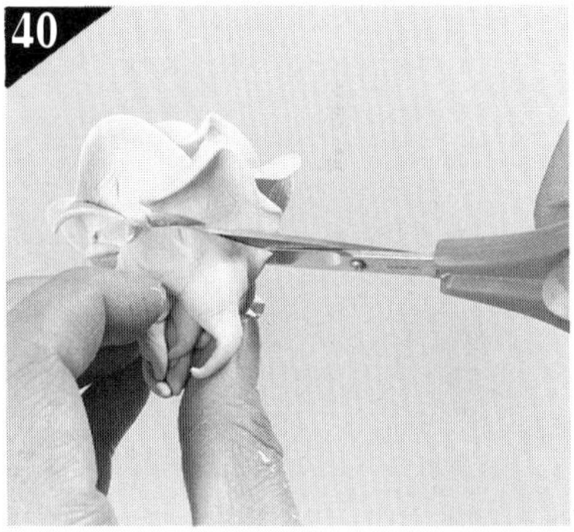

花は高さ2cmになるように根元を切ります。4輪作ります。

41

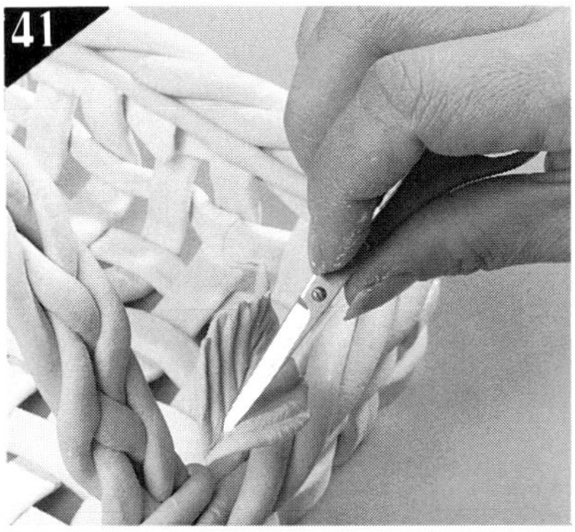

手のつけ根に、ハサミの先で葉を押しつけます。

42

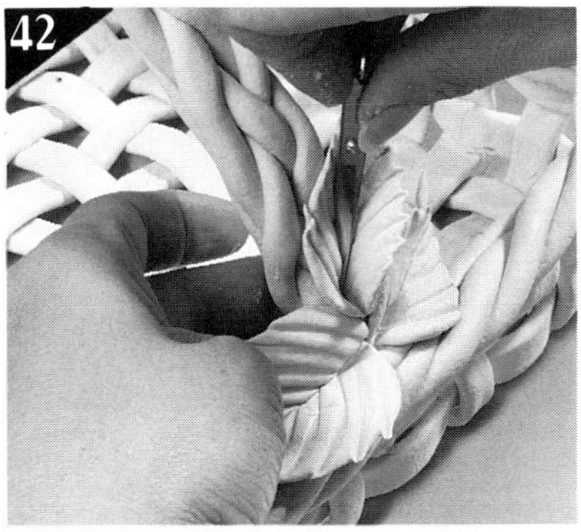

片側に3枚の葉を形よくつけます。

43

ハサミの先を花の根元に差し、葉の上に押しつけます。

44

2輪めの花も同じ要領でバランスよくつけます。

45

手の両側に葉と花をつけ、よく乾燥させてから着色します。

赤いバスケット

口絵14ページ

●材料

粘土４個。18番ワイヤー２本。木工用ボンド。ボール(直径20cm)。ラップ。

●作り方のポイント

ロープを縦芯にして、平ロープで編みますが、縦芯は奇数にすると、平ロープは深さの寸法まで、ぐるぐると編むことができます。

手は、下げた時に本体がぐらつかないように、つけ位置を確かめてからつけましょう。

形がシンプルですが、彩色の色選び次第で夢のある個性的なバスケットになります。

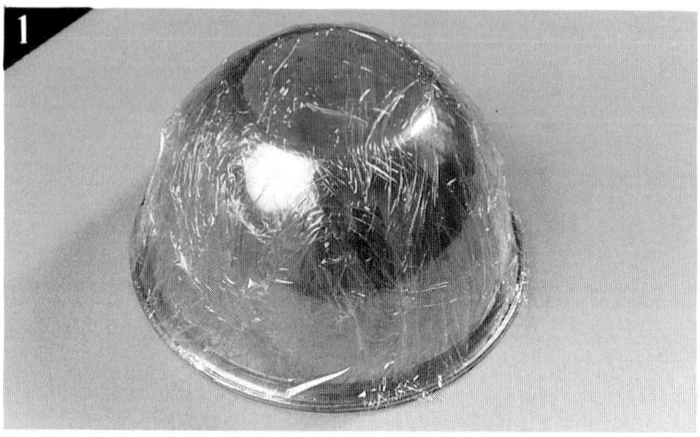

型(ボール)をラップでくるみます。

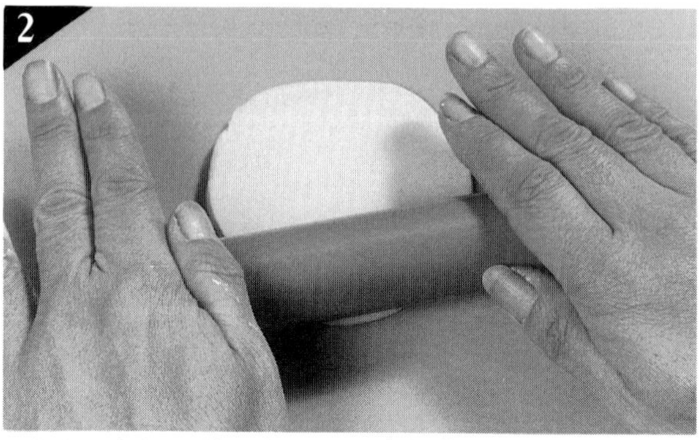

小さい卵位の粘土をめん棒で伸ばし、直径８cm位の円形に作り、底面にします。

底面を型の底中央にのせます。

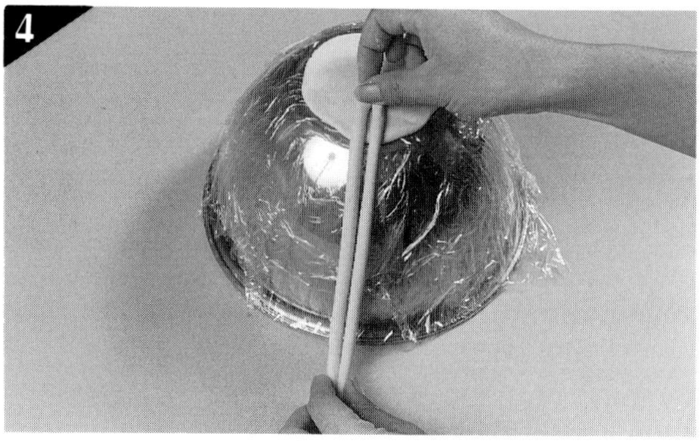

直径8ミリで30cm長さのロープを二つに折り、折り山側を底面回りにつけ、先を型の下に下げます。

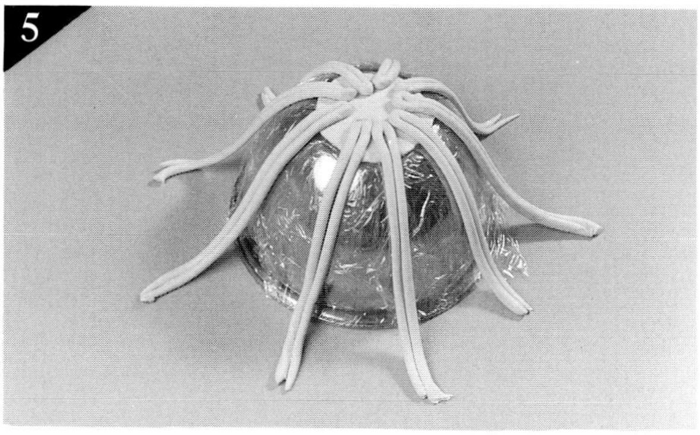

型の回りに等間隔に９本のロープをつけます(縦芯)。

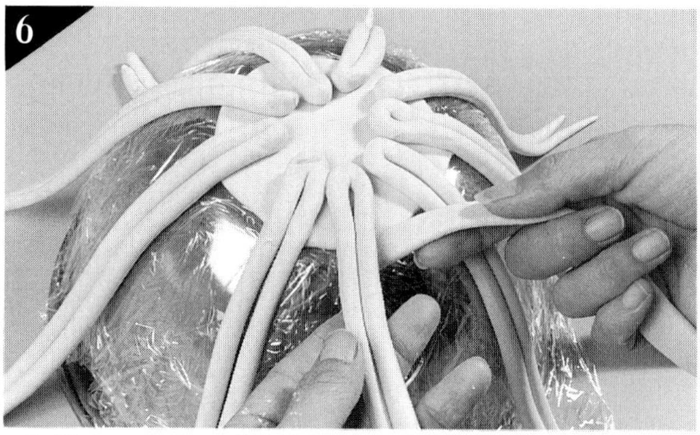

直径１cmのロープを作り、めん棒で伸ばして1.2cm幅の平ロープ(編み芯)を作り、側面を編んでいきます。

7

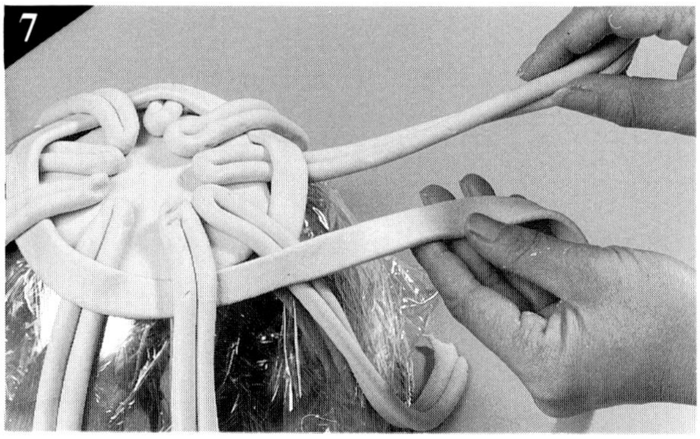

9本の縦芯ロープを交互にすくいながら、平ロープを横に編み込んでいきます。

8

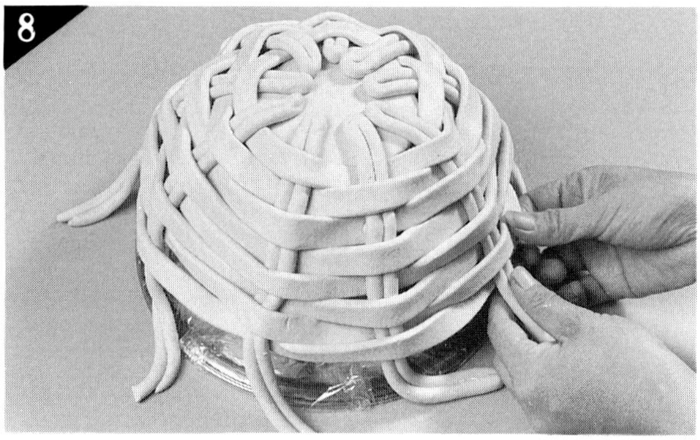

縦芯のロープの下側になる時に編み芯を継ぎ足しながら型の下まで編みます。

9

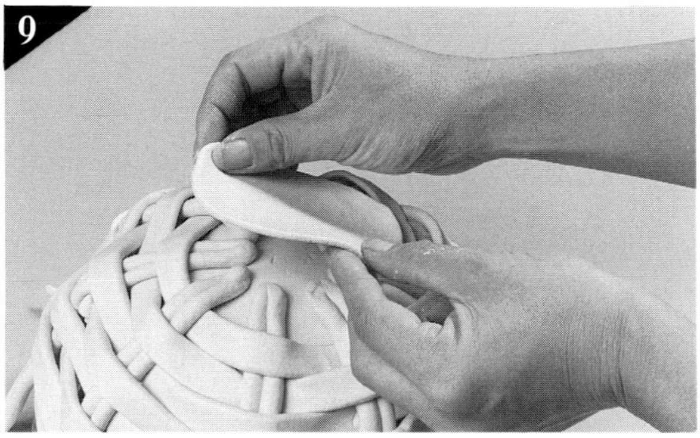

2と同じ底面をもう1枚作り、底上にのせます。

10

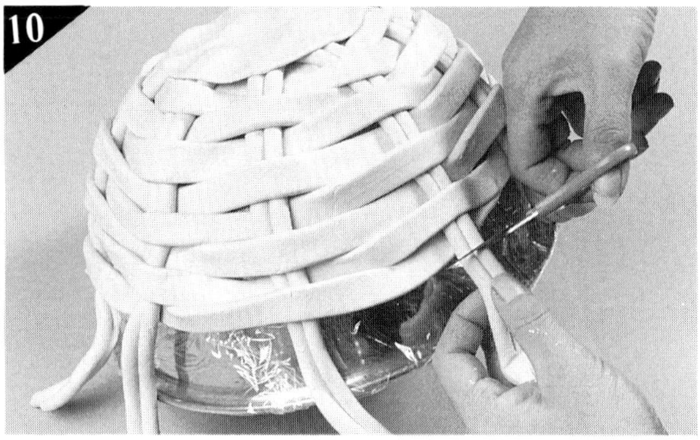

型の下から出る余分なロープをハサミで切り落とします。

11

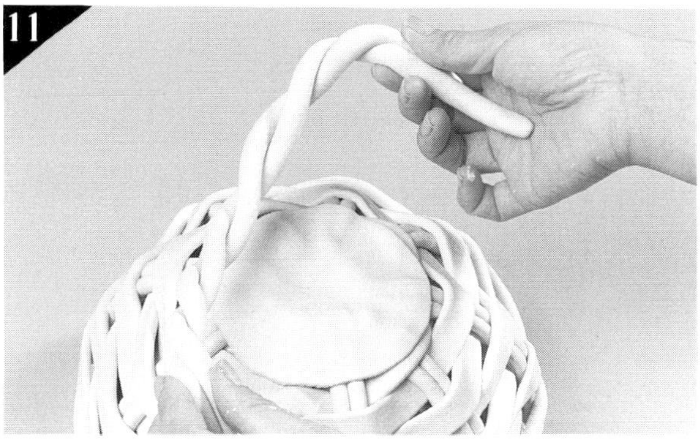

直径1cm、30cm長さ位のロープ2本をねじり、底面回りにつけます。

12

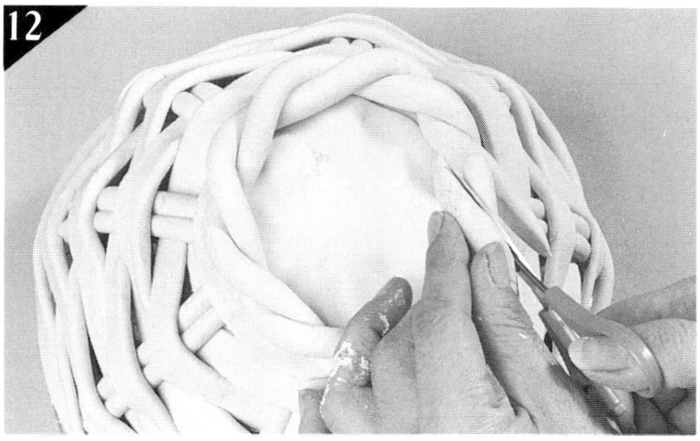

ねじったロープの両端は斜めにカットし、カットした面にボンドをつけます。

13

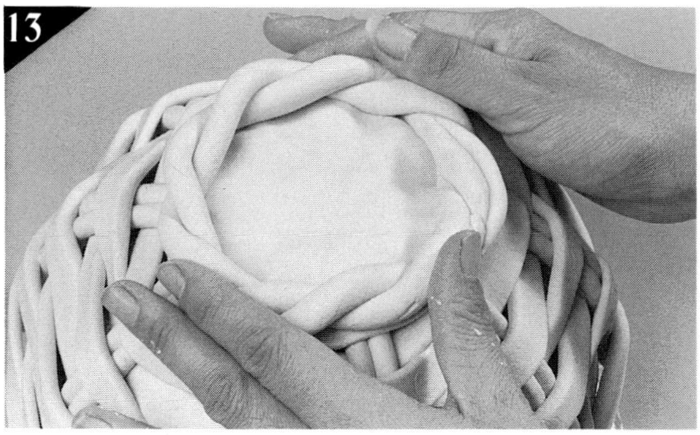

カットした面同志を目立たないように張り合わせてきれいな円形になるように形を整えます。

14

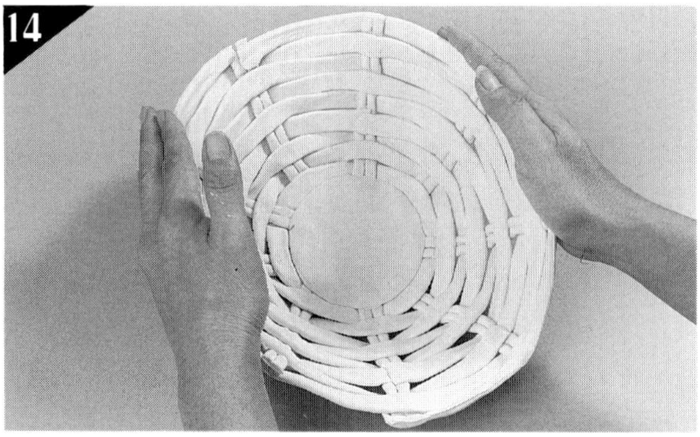

生乾きの時に型からはずし、両手で左右から軽く押さえて、少しだ円形に形作ってから乾燥させます。

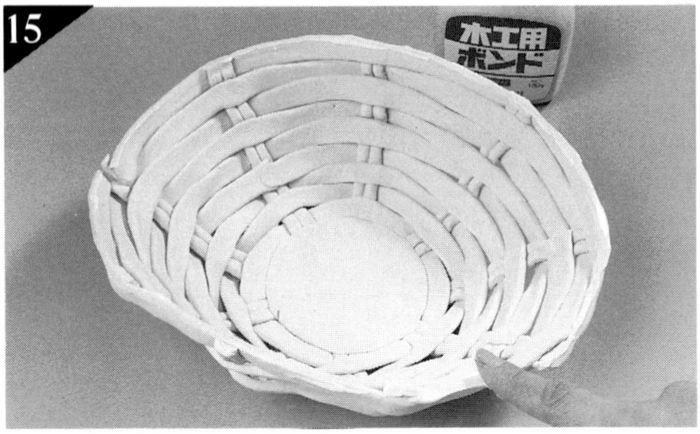

本体縁回りにボンドをつけます。

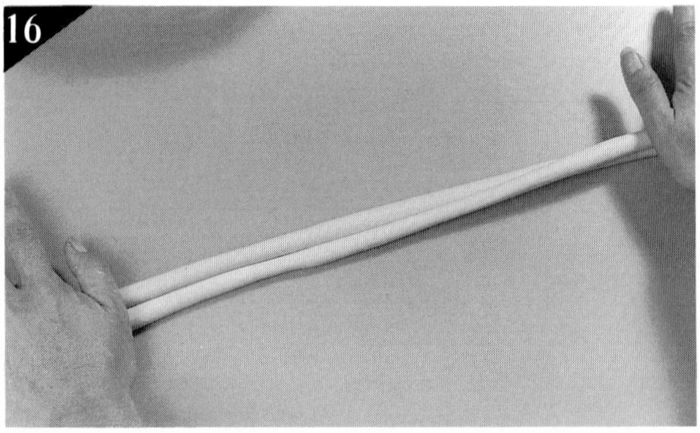

直径 1 cm、長さ70cm位のロープを 2 本作ります。

2 本のロープを並べ、端を両手で押さえ、左手を手前、右手を向こう側にころがしてねじります。

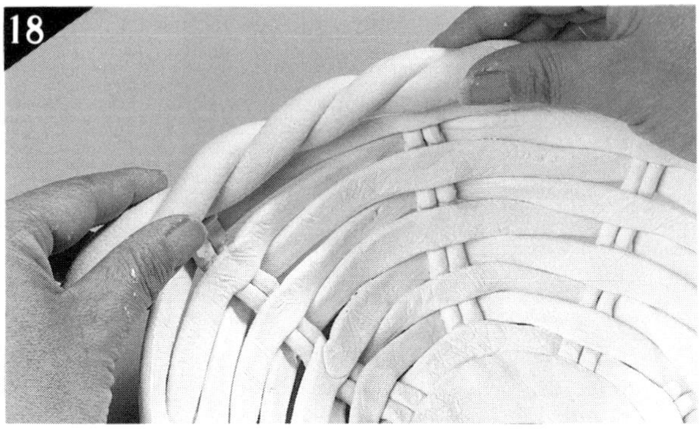

ねじったロープを本体縁回りにのせてつけ、本体になじませます。

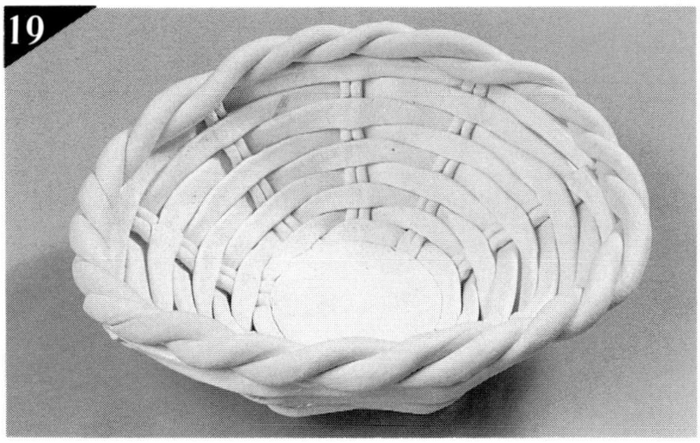

本体のでき上がりです。

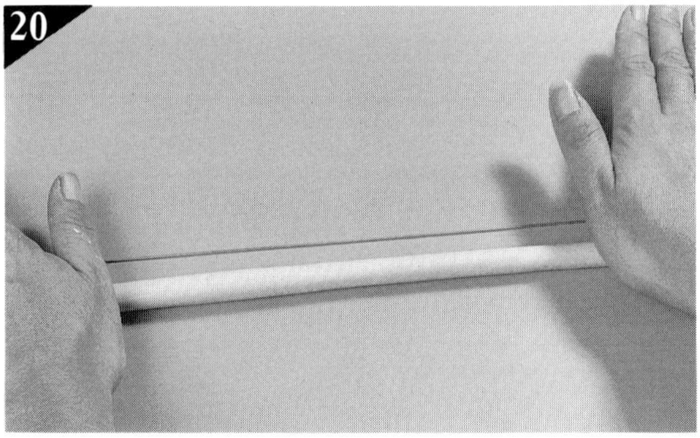

直径8ミリ、長さ45cmのロープにワイヤーを並べ、一緒にころがしてワイヤー入りロープを作ります。

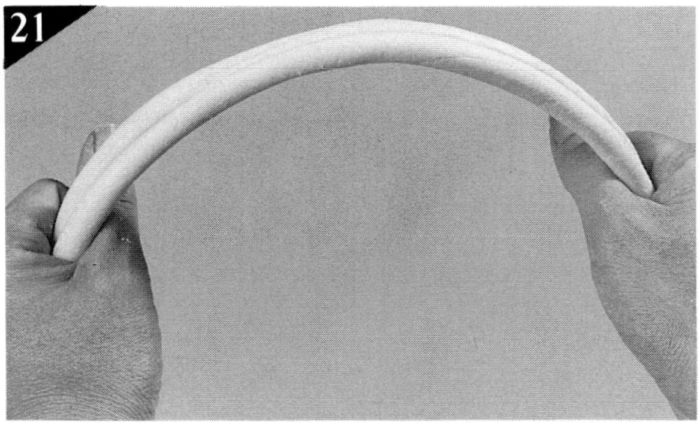

ワイヤー入りロープを 2 本作って手にし、本体の長いほうの幅に合わせて曲げます。

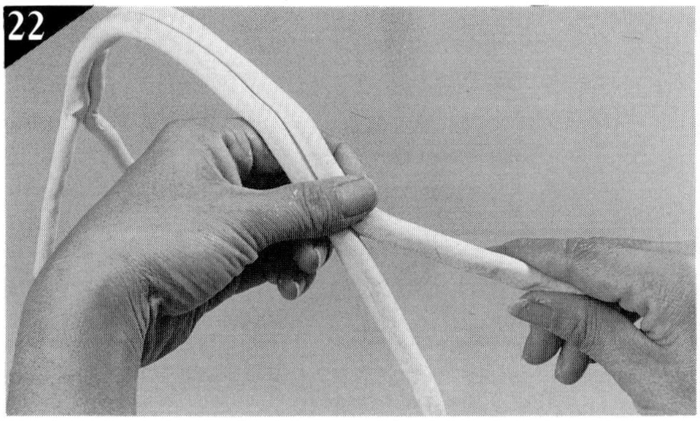

手の両側は、端から 5 cmを V 形に開きます。

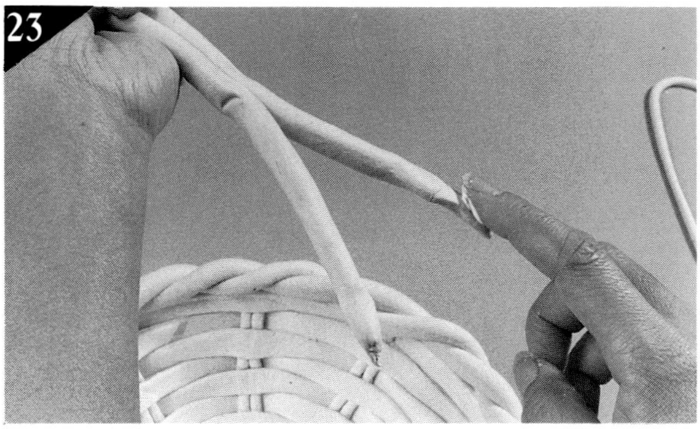

手の両端 4 か所にボンドをつけます。

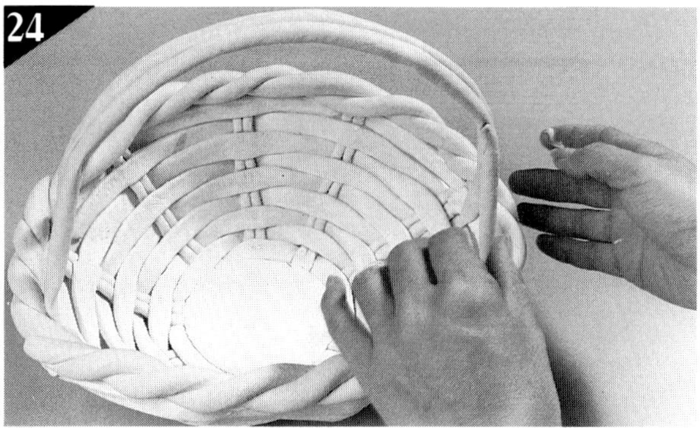

手を本体内側に、押しつけるようにしてつけます。

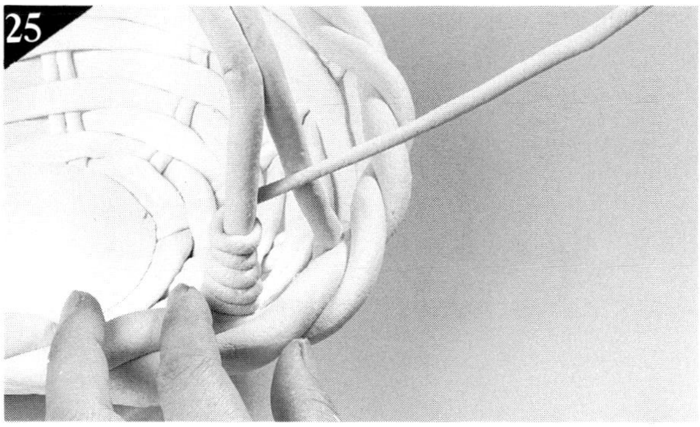

直径3ミリの細いロープを作り、手のつけ根からぐるぐると巻き上げます。

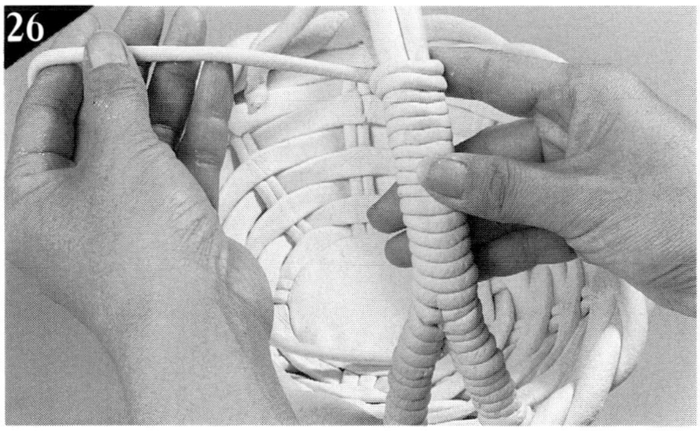

V 形部分を巻き終わったら、続けて太い部分も巻き上げます。

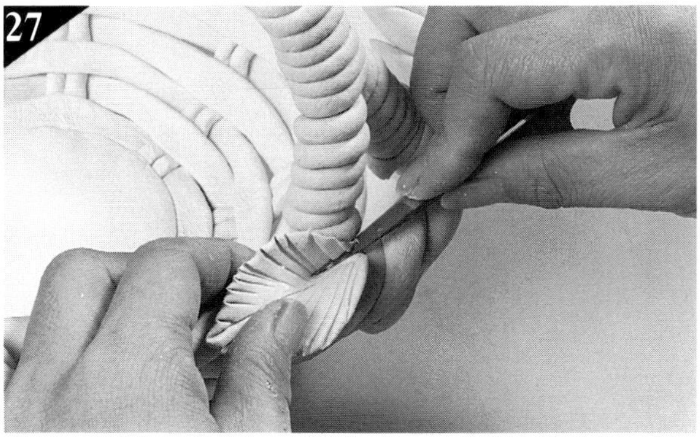

飾りの葉を作り(44ページ参照)、手のつけ根外側につけます。

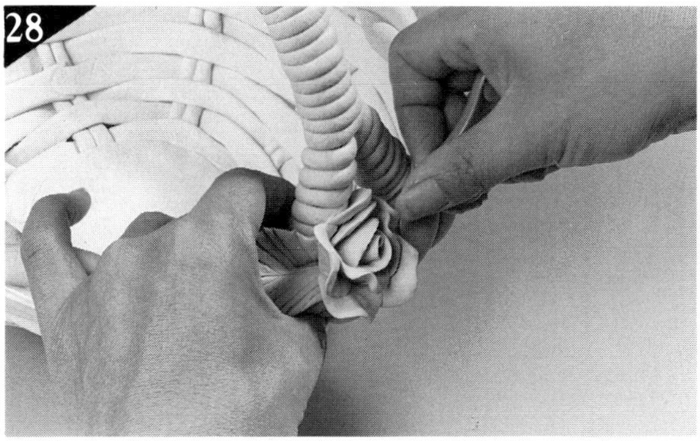

44ページを参照してバラの花を作り、葉の上に形よくつけて同化させます。

片側の手つけ根にも葉と花をつけます。

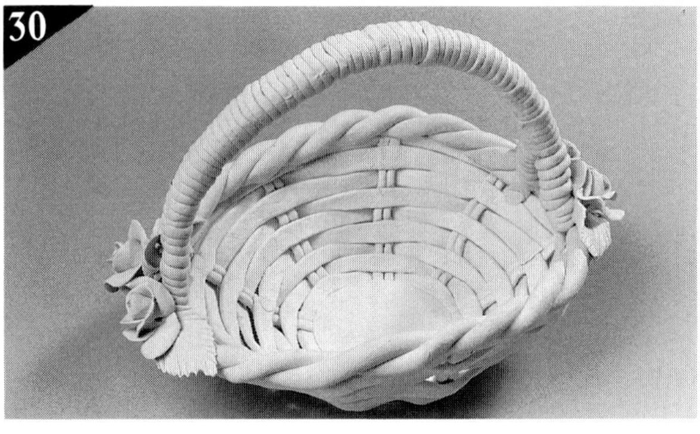

よく乾燥させ(2 日位)、彩色はべた塗りで濃い色にまとめて仕上げます。

ねじりロープのバスケット 口絵1ページ

●材料

粘土1¼個。木工用ボンド。プラスチック製マーガリンの器(15cm×10cmのだ円で深さ5cm)。ラップ。

●作り方のポイント

器の曲線の面白さを生かして、ねじったロープをぐるぐると巻きつけます。ロープの継ぎは斜めにカットし、ねじりが続くようにボンドで継ぎます。

粘土が柔らかいうちに、手早く押さえるように巻いてロープ同志をつけていきますが、乾き気味になった時は、ボンドをつけながら巻き上げましょう。

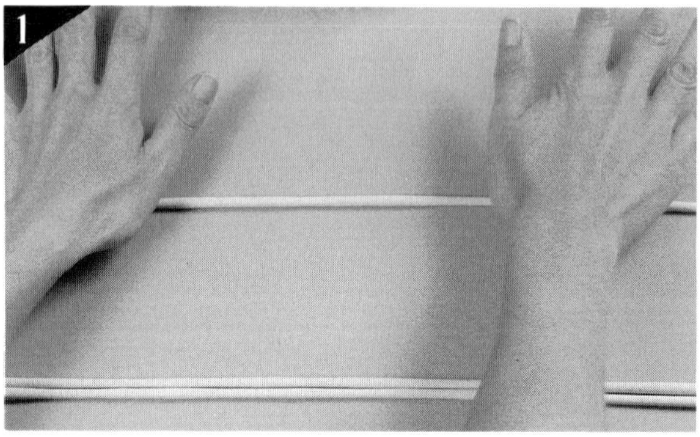

型になる器をラップでくるみます。
直径5ミリのロープを長さ70cm位に3本作ります。

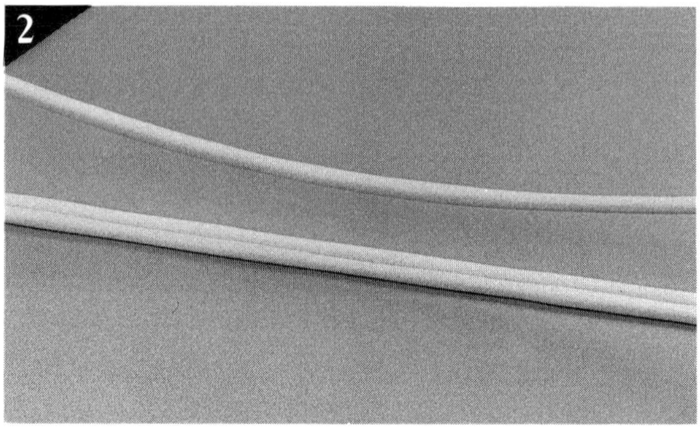

ロープは2本を横に並べ、その上に残り1本をのせて三角に積みます。

ロープ端を両手で押さえ、左手は手前、右手は向こう側にころがしながらねじっていきます。

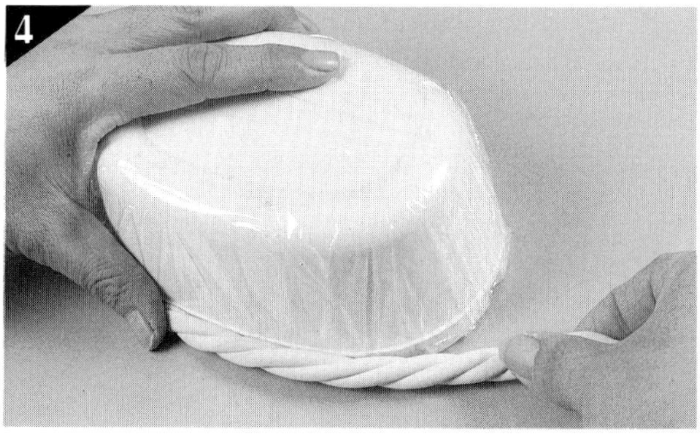

型の下側から上に向けて、ねじりロープを、すき間ができないようにぐるぐると巻いていきます。

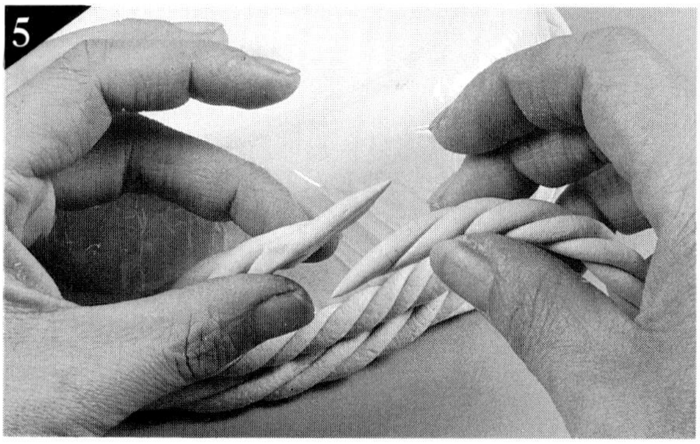

ロープは継ぎながら巻きます。継ぎ目は斜めにカットし、面にボンドをつけ、きれいに張り合わせます。

型に添わせて、つめ気味に側面から底中心までを巻き、最後を入れ込みます。

全体がよくなじむように手のひらで押さえます。
よく乾かしてから(約2日)型を抜き取ります。

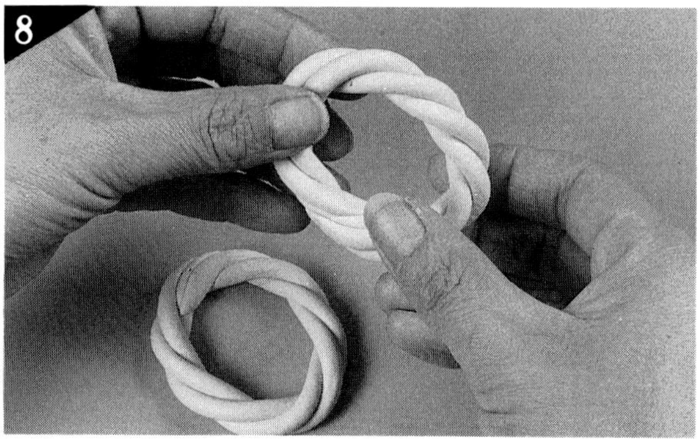

本体と同じねじりロープで直径約5cmのリングを2個作ります。

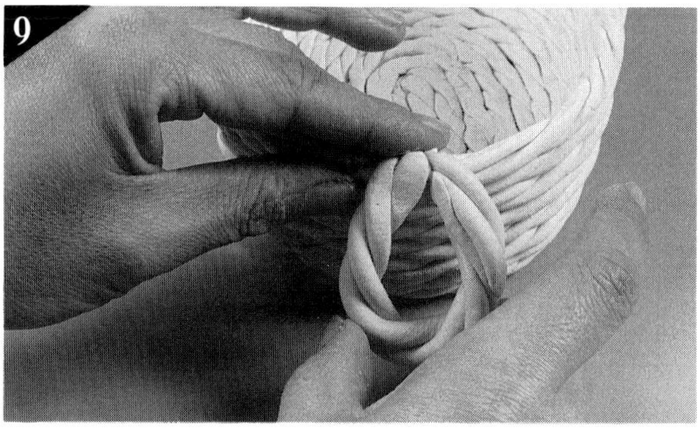

本体の両サイド外側に、ボンドをつけたリングを1個ずつつけます。

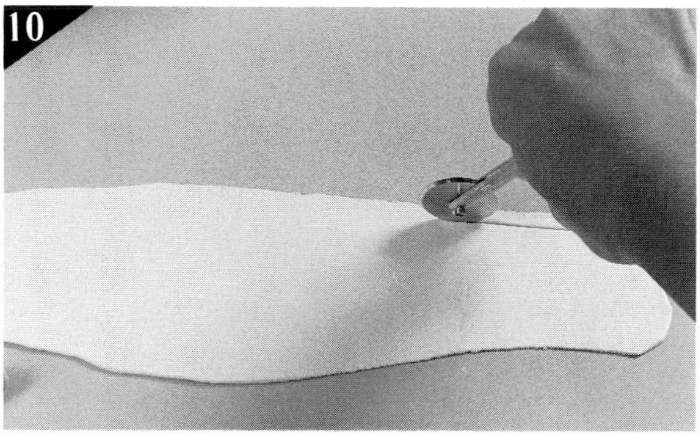

3ミリ厚さに伸ばした粘土を、カットローラーで1cm幅のテープ状に切ります。

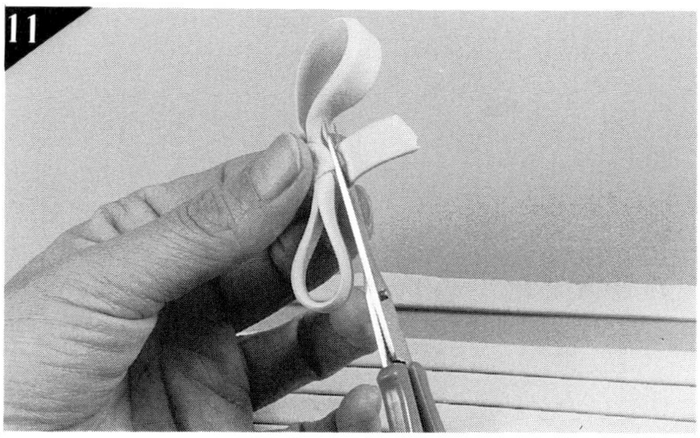

テープ15cmを輪にし、8の字形にして中央を別テープで巻いて、リボンの結び部分を作ります。

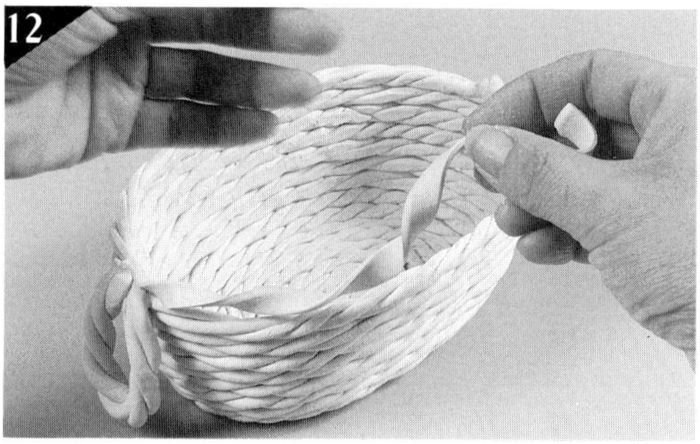

リボンのたれ部分は13cm長さのテープを少しねじって表情を作り、2本を本体の縁につけます。

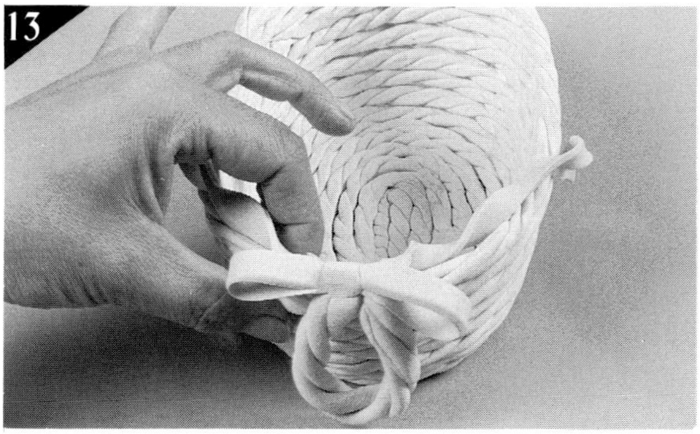

リング位置上に結び部分をのせ、たれ部分とバランスを取りながら形よくつけます。

片側にもリボンをつけ、よく乾燥させてから45ページの要領で着色します。

レターラック

口絵11ページ

●材料

粘土４個。木工用ボンド。ティッシュペーパー。ラップ。

●作り方のポイント

編み地の縦芯は２本どりにしますが、編み方は46ページのバスケットと同じです。ロープの太さは多小違っていても、あまり気にしないで編みましょう。かえって素朴さが出てきます。

型を使いませんが、代わりにティッシュペーパーを丸めて入れます。本体がよく乾いてから取り出しましょう。

壁に掛けてグリーンを入れたり、葉書き入れにもなります。

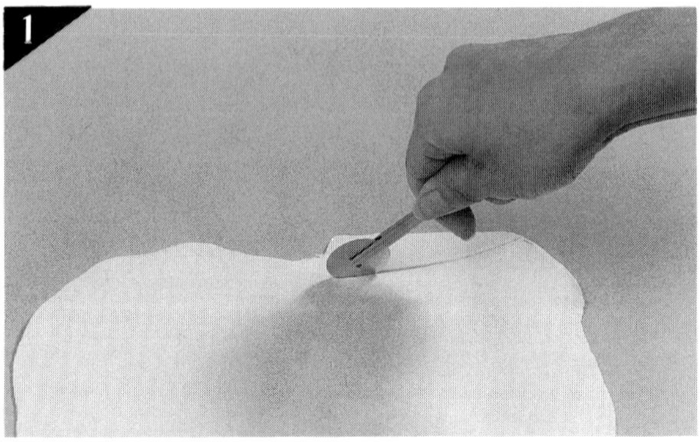

粘土を厚さ5ミリで縦20cm×横25cm位に伸ばし、上部をゆるやかな弓形にカットします(土台)。

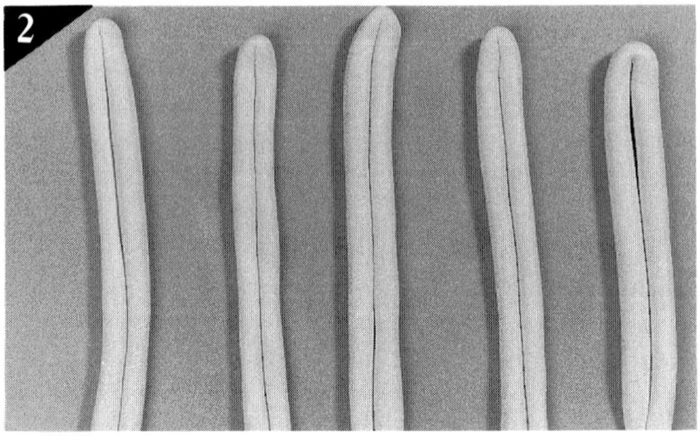

直径8ミリのロープを５本作ります。それぞれを二つ折りにし、縦の芯を作ります。

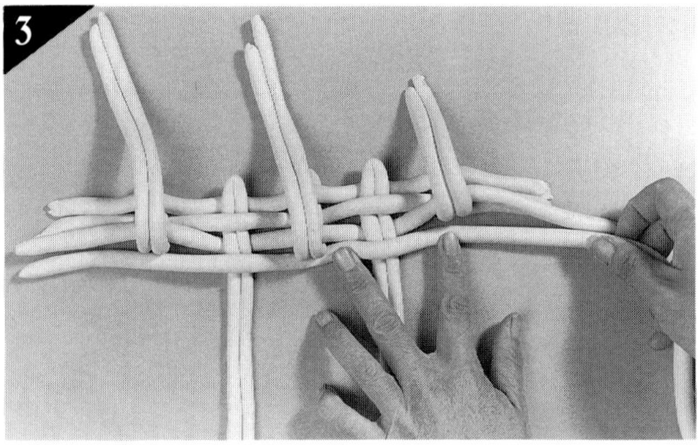

縦芯は折り山を上にして５本並べ、直径1cmのロープを横にのせながら46ページの要領で編みます。

編み地は、土台より一回り大きく、ポケット形に作ります。

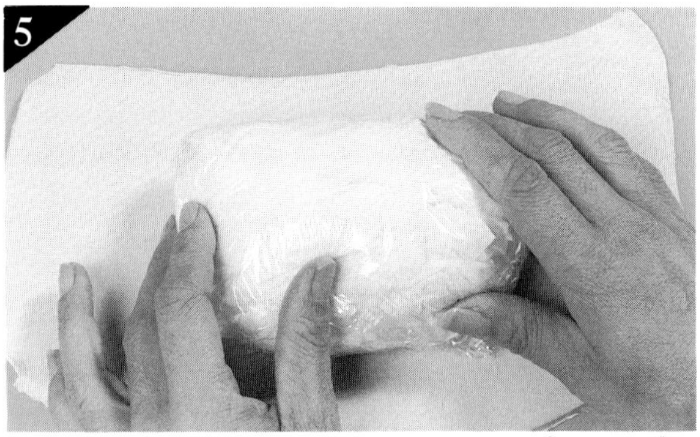

ティッシュペーパー10枚位を丸めてラップで包んだものを土台中央に置いて型の芯にします。

土台の上に**4**の編み地をのせて形よくつけ、土台と一緒にポケット形に切りそろえます。

目分量で切りそろえますから、左右の丸みが同じによい形になるように、丁寧にカットします。

直径1cmのロープを2本作ってねじります。
編み地の口をねじりロープで縁どります。

ねじりロープはポケット回りにも、ぐるりと回しづけます。

両端の余分なロープを切り落として形を整えます。

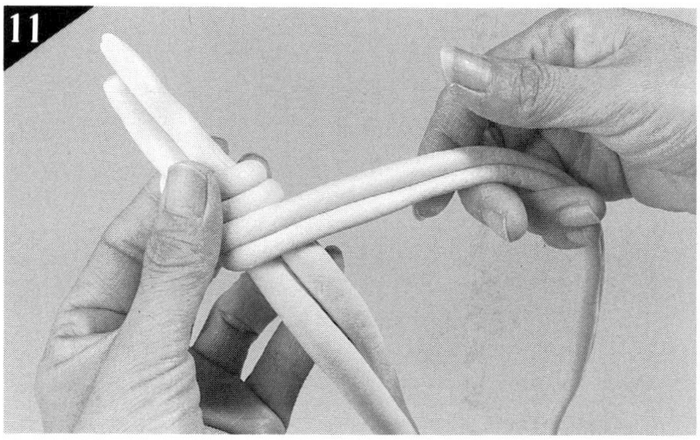

手は直径1cmのロープ40cm長さ2本を芯にして、直径5ミリのロープ2本を巻きつけます。

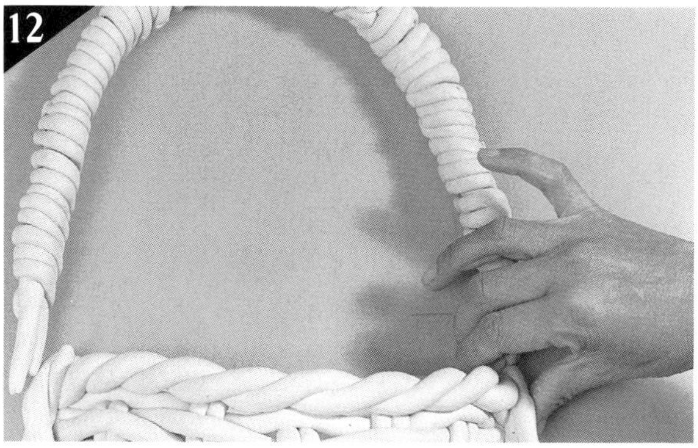

手を、ポケット両サイド内側にボンドでつけます。

手のつけ根に、細いロープを巻きつけて、手を補強します。

乾燥後、ティッシュペーパーを取り出します。
45ページを参照して着色します。

バラポシェットの壁掛け 口絵23ページ

●材料

粘土２個。ティッシュペーパー。ラップ。

●作り方のポイント

イタリアン陶花を思わせるバラの可愛い壁掛けです。

ポシェットのふくらみにはティッシュペーパーを丸めて型に入れました。全体を軽やかに仕上げるには、レースの分量も大切です。つける寸法の約1.5倍を目安にしてギャザーを寄せます。

回りにつける手は手早く作業をすれば本体につきますが、乾燥後、はずれるのが予想されるようならボンドでつけましょう。

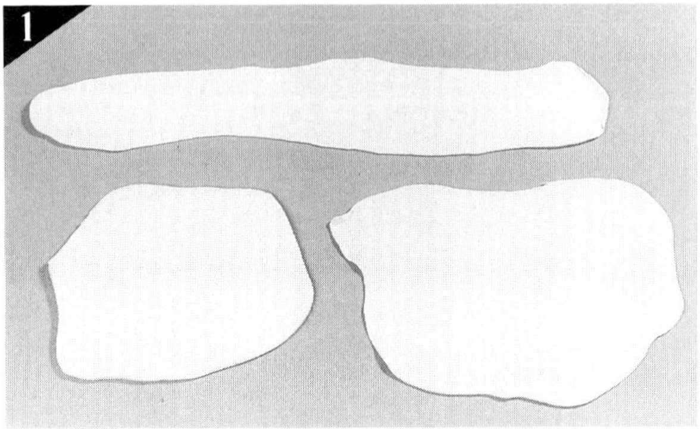

粘土を厚さ３ミリ位に伸ばし、9 cm×18cm(上)、9 cm×12cm(下)、5 cm×28cm(レース)を用意します。

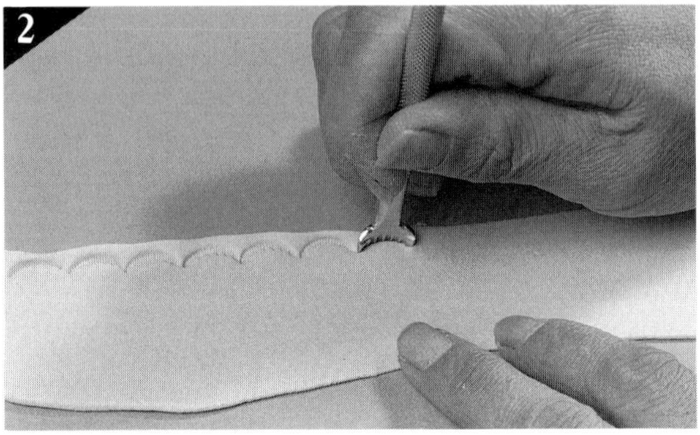

レースの片側をカットローラーで切りそろえ、その内側をレースの押型で押さえます。

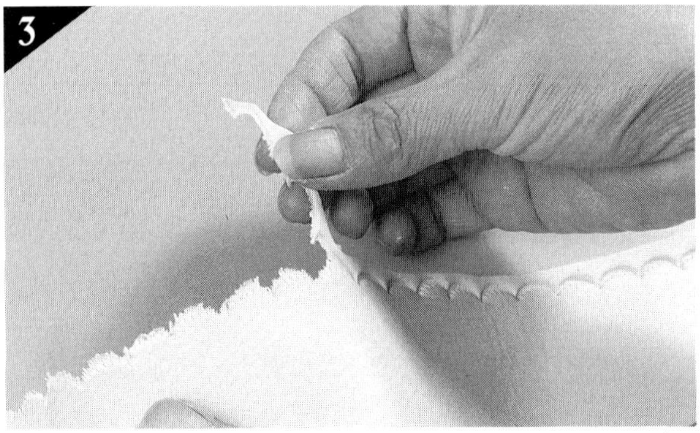

レースの外側の余分をもぎり取り、縁をスカラップ状に作ります。

レースの模様を、花の押型で押します。

さらに、つま楊枝５～６本を束にして、ポツポツと押しつけてレース柄に作ります。

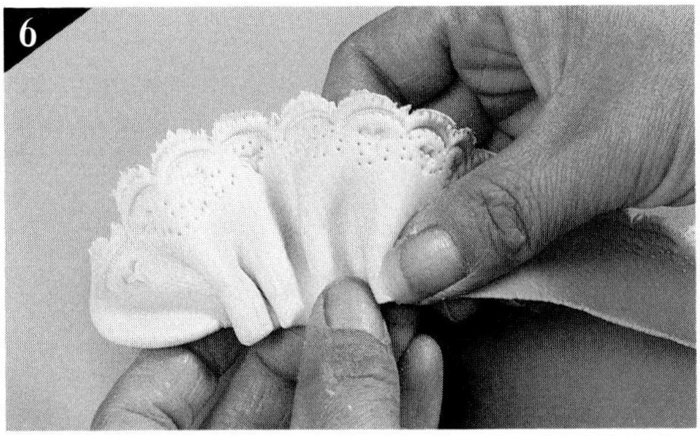

レースのつけ側をたたみながらギャザーを寄せます(レース丈はつけ寸法の1.5倍をギャザー)。

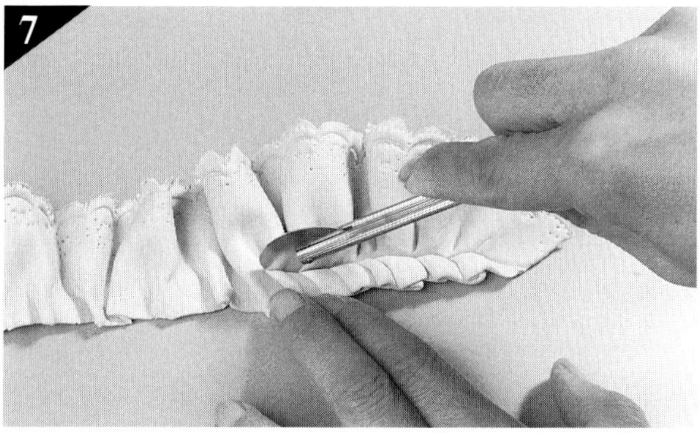

ギャザーの上をカットローラーで押さえながら幅に切りそろえます。

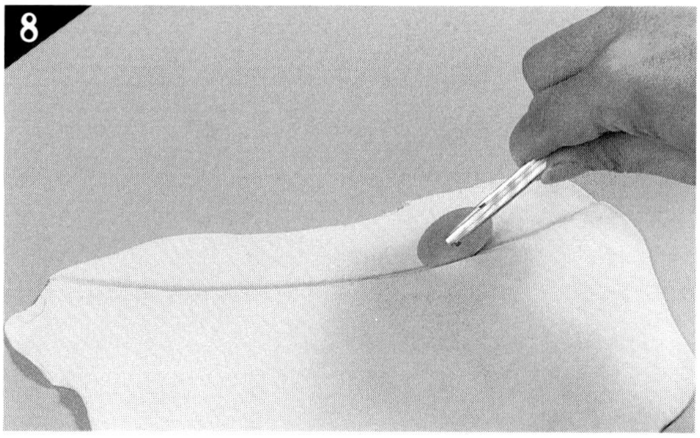

ポシェット(1 の上部分)の口側をゆるい弓状にカットします。

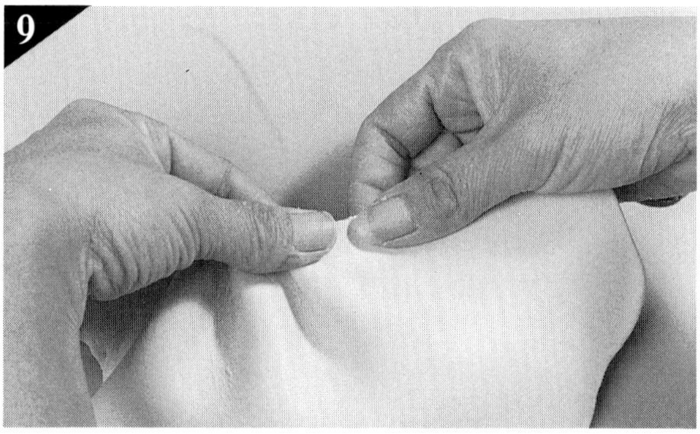

ポシェット口側にゆるいタックをとります。

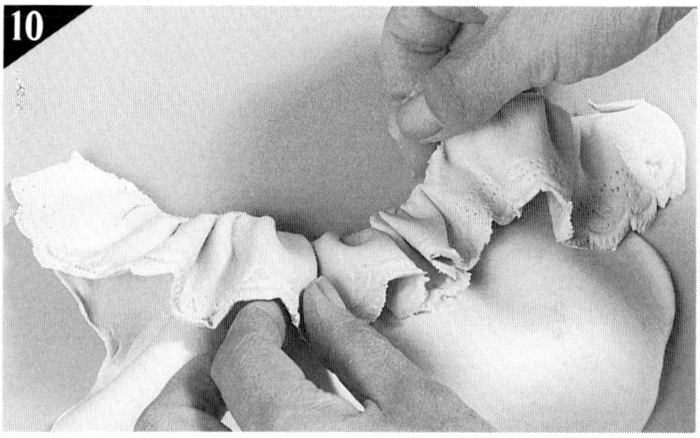

ポシェット口上に、ギャザーを寄せたレースをのせてつけます。

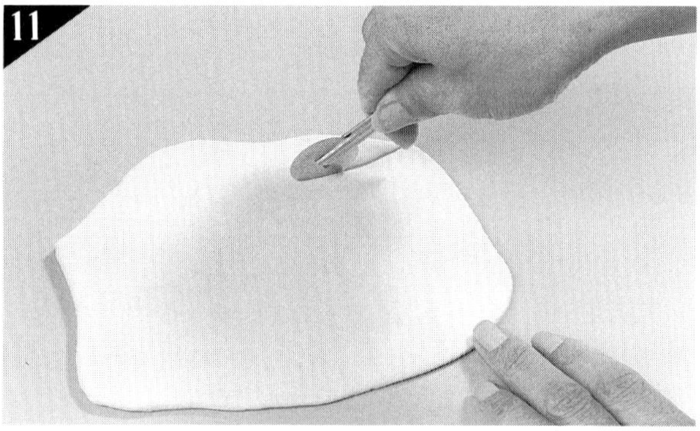

土台(1 の下部分)の口側を、ゆるい弓状にカットします。

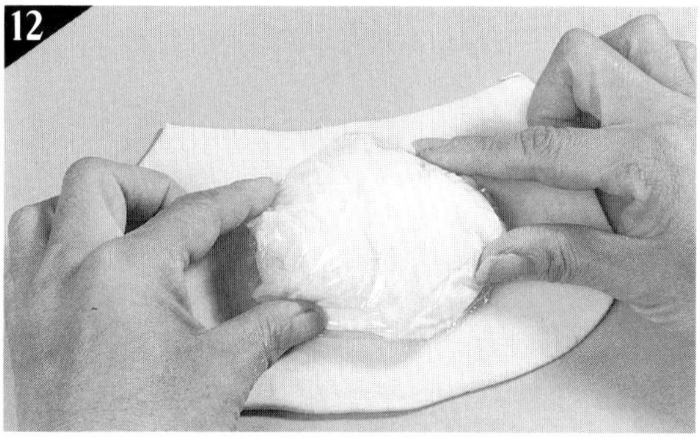

ティッシュペーパー 2 枚を丸めてラップでくるみ、土台の中央にのせます。

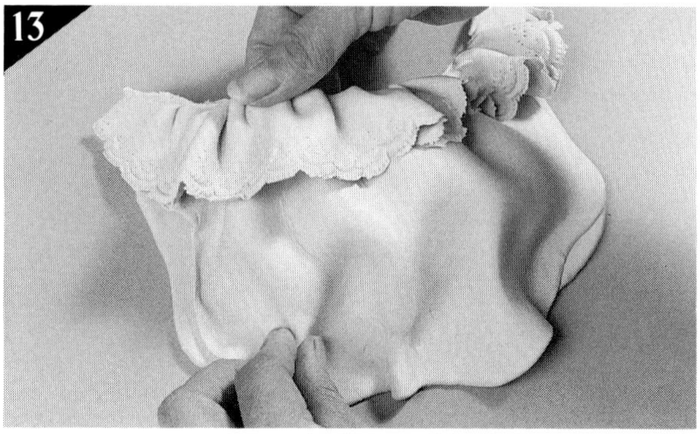

土台にポシェットをのせ、上面が形よくふくらみを持つように、回りをゆるくいせ込みます。

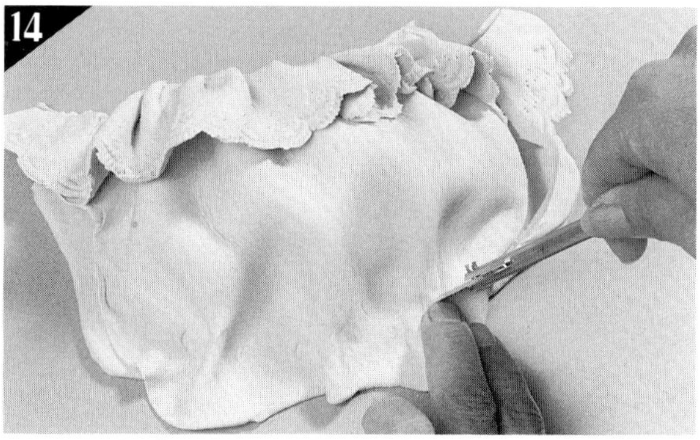

外回りをポケット形になるように、カットローラーで切り落とします。

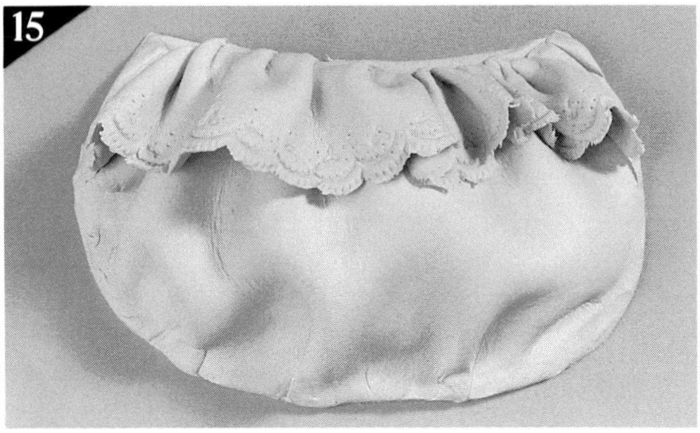

本体のでき上がりです。

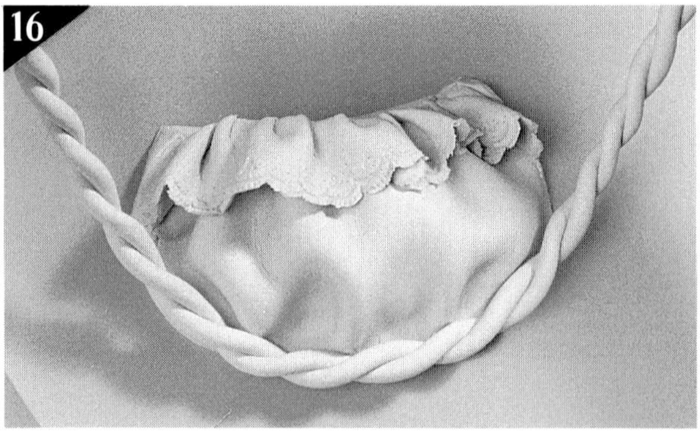

直径 5 ミリ、長さ60cmのロープ 2 本をねじって手を作り、本体外回りに回しづけます。

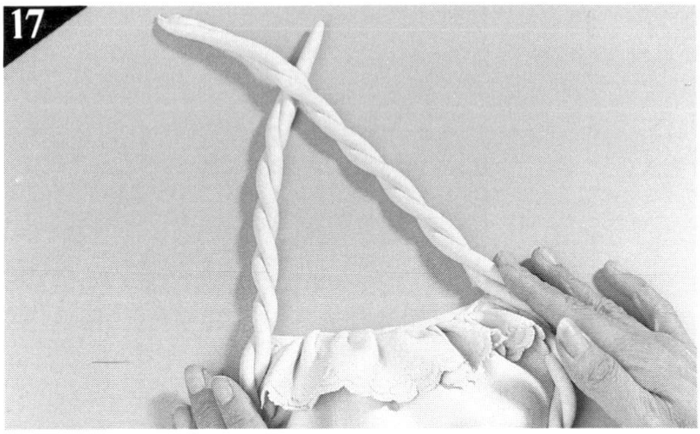

本体と手が離れないように、しっかりと押さえつけ、手は上で交差させてつけます。

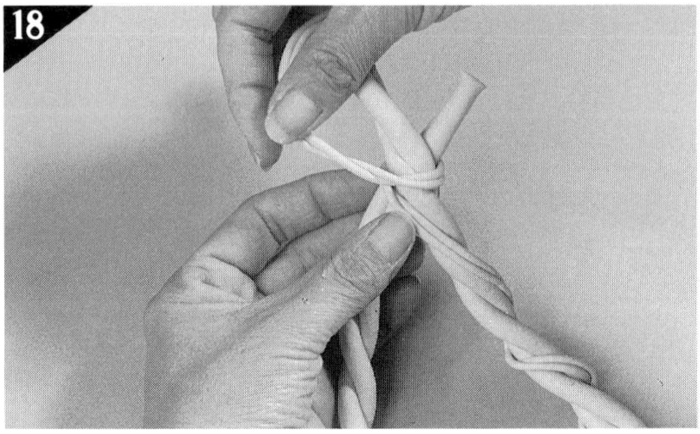

直径 3 ミリ位の細いロープを作り、手の右つけ根から交差位置に向けて巻き、さらに端まで巻きます。

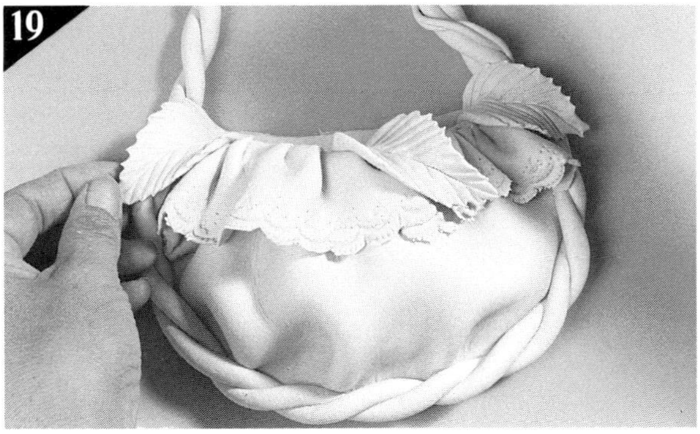

葉は44ページを参照して 5 枚作り、レースの上に形よくつけます。

バラの花は44ページを参照して 5 輪作り、葉とバランスが取れる位置につけて同化させます。

形を整えて乾燥させます(2 日位)。口絵23ページと45ページを参照して着色して仕上げます。

花のレリーフ　口絵23ページ

●材料

粘土1個。レリーフ板（13cm×29cm）。木工用ボンド。ティッシュペーパー。ラップ。

●作り方のポイント

レリーフ板につける粘土は、指先で塗り込めるように粗っぽくつけます。

対照的にバスケットや花、リボンは繊細にまとめましょう。

花や葉、リボンを作っている間にレリーフ板やバスケットの粘土は乾き気味になりますから、ボンドでしっかりとつけましょう。

彩色は中間色の薄色でまとめ、可愛らしさを出してください。

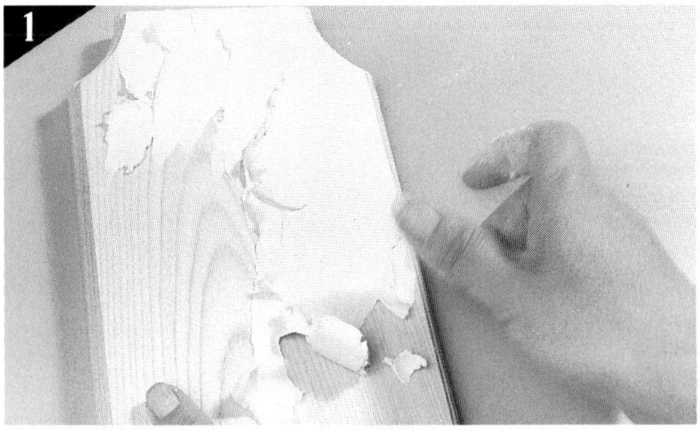

粘土をレリーフ板に指先で強く押しつけるように薄く伸ばしながら粗っぽくつけます。

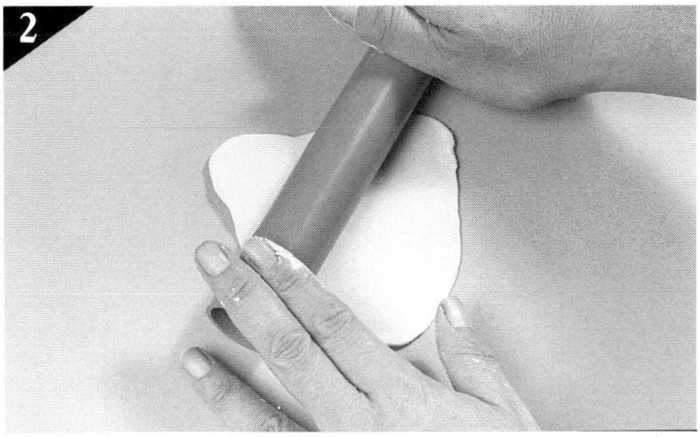

粘土を厚さ3ミリ位に薄く伸ばします。大きさは8cm角が裁てる位に見積ります(土台になる)。

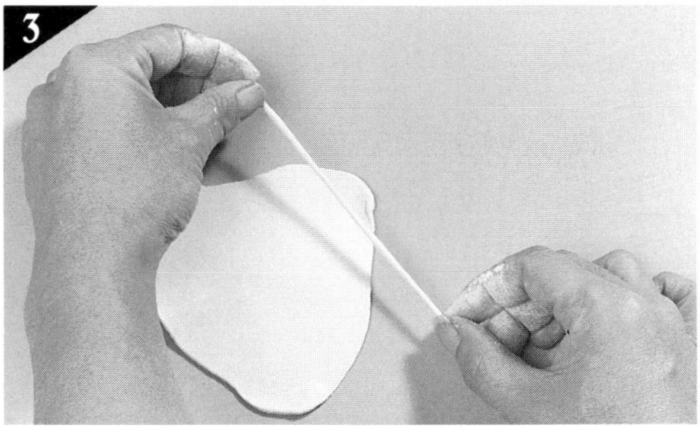

直径3ミリの細いロープを作り、土台の上に斜めにのせます。

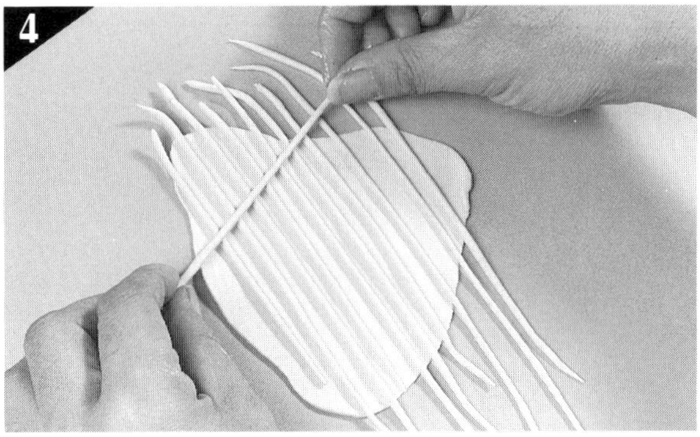

細いロープは平行になるように土台の面にのせます。

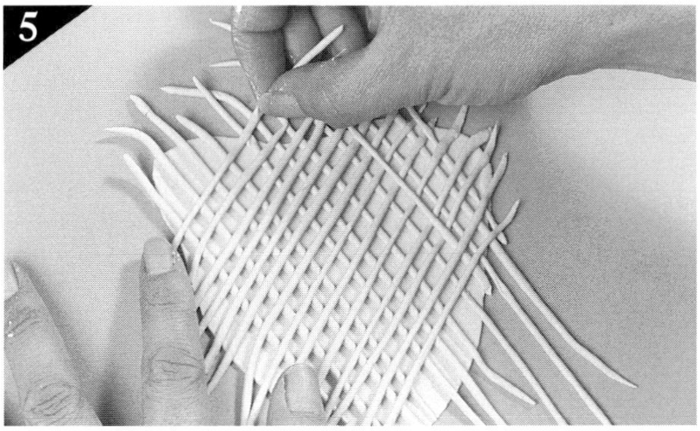

4の上に細いロープをメッシュになるように斜めにのせていきます。

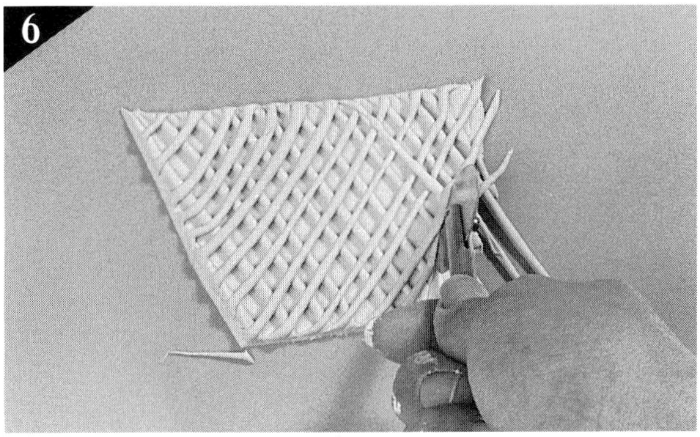

カットローラーでバスケット形にカットします。

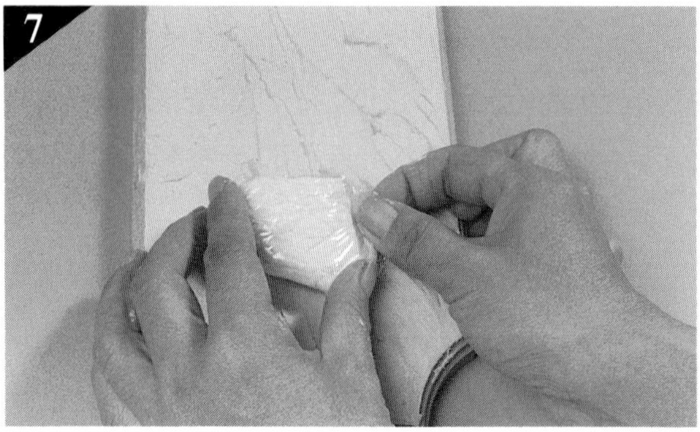

ティッシュペーパーを小さく丸めラップでくるんで、レリーフ板の下から1/3の所に置きます。

7の上に**6**のバスケット本体をのせ、口側を除く外回りをつけます。

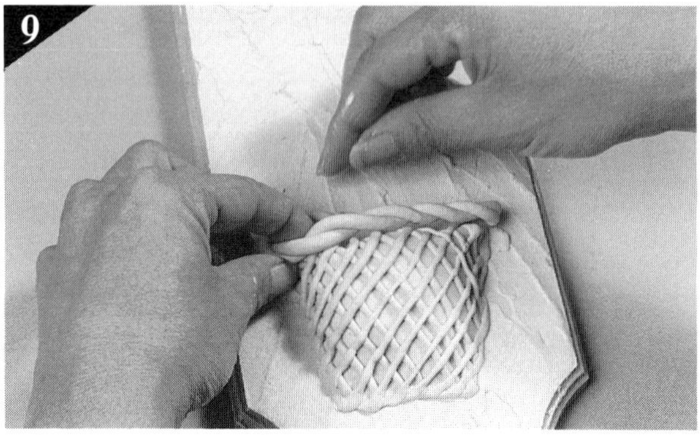

直径5ミリのロープ2本をねじり、バスケットの口側につけて縁どります。

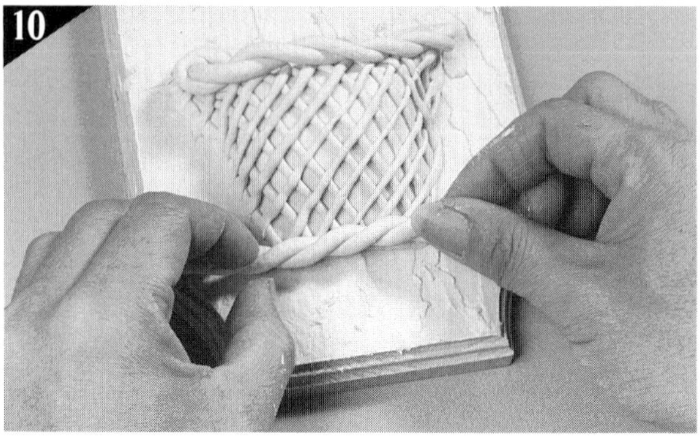

口側と同じねじりロープを底側にもつけます。

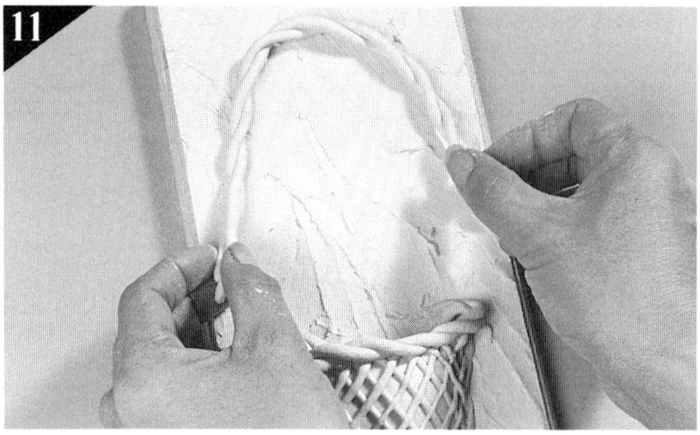

手は、ねじりロープ20cmをバスケット幅に合わせて曲げ、口から2cm位離してレリーフ板につけます。

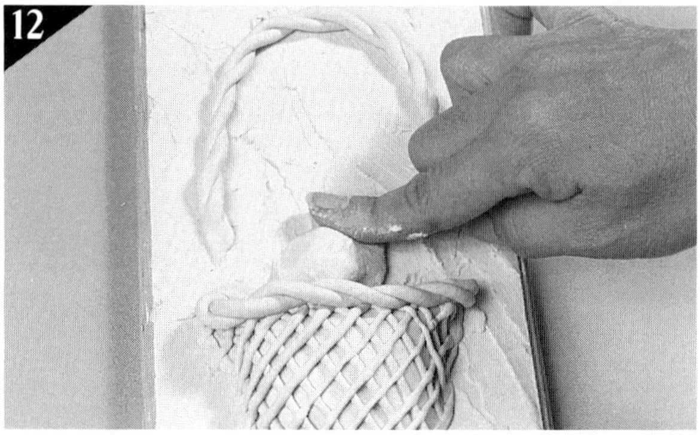

バスケットの上のレリーフ板に梅干大の粘土をのせてつけます。

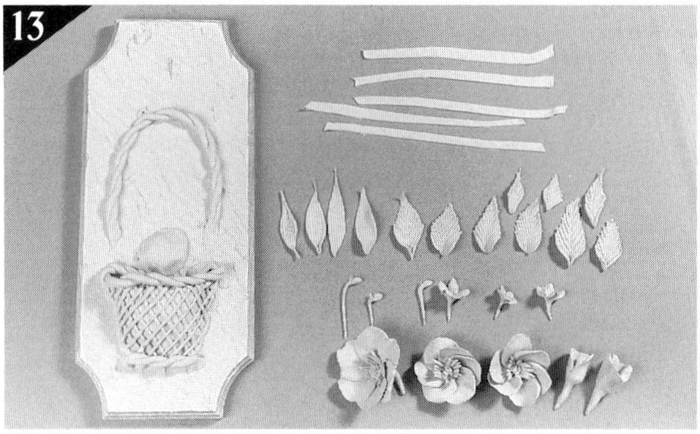

大きい花と小さい花、葉、リボンは64ページのリースの項、つぼみは64ページを参照して作ります。

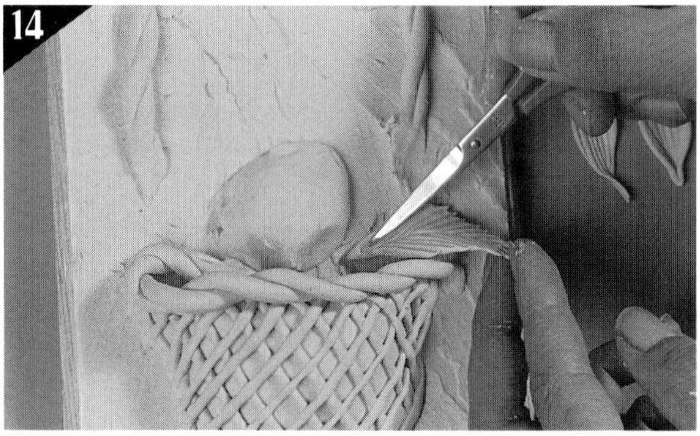

葉の裏にボンドをつけ、バスケット口の内側から外側に向けて張りつけます。

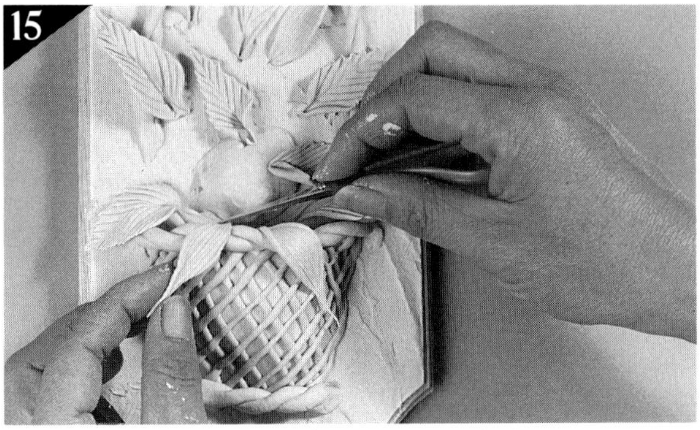

全体にバランスよく葉をのせてつけます。

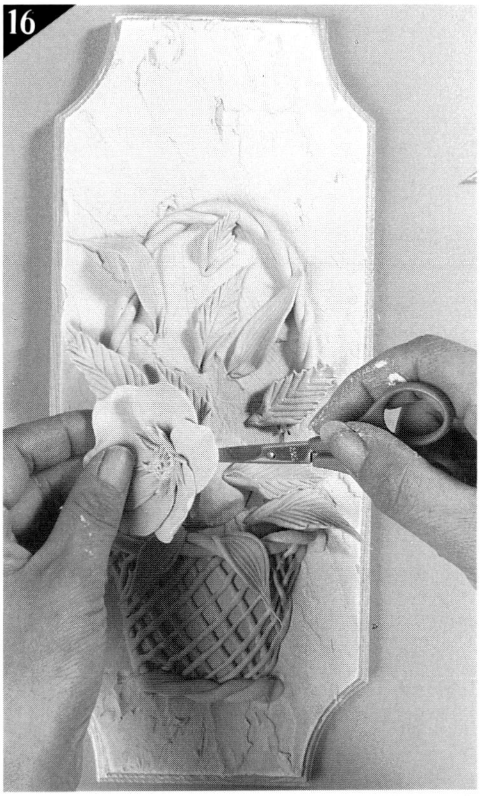

花はバスケットの口位置に近く、こんもりと盛り上がるようにつけます。

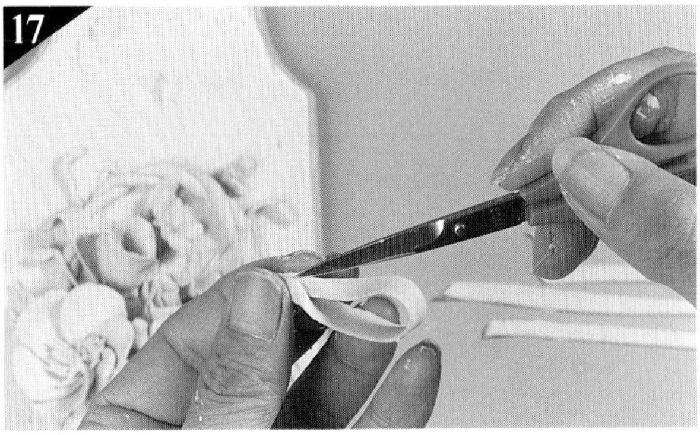

バスケットの右側にリボンの結びの部分をつけます。

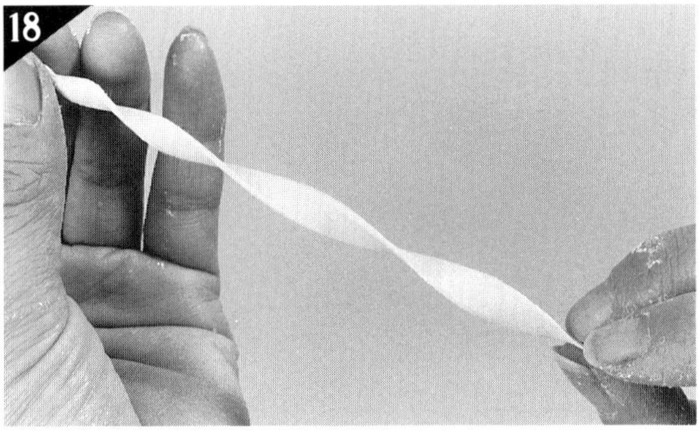

リボンのたれの部分は、テープを少しねじって表情をつけます。

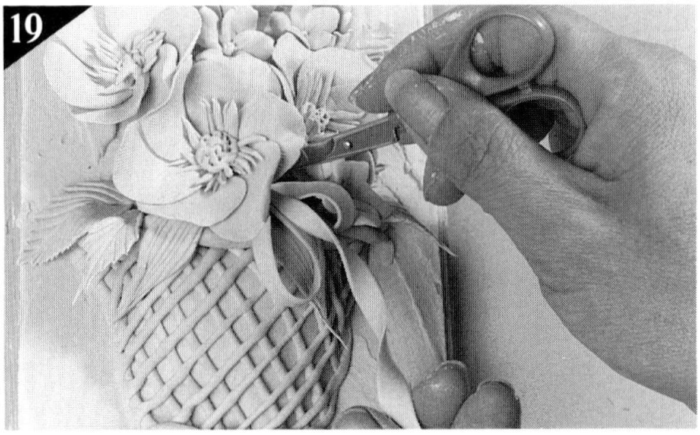

リボンのたれの部分を結びの部分に続くように形作ってつけます。

全体の形を整えて乾燥させ、口絵23ページの配色に、45ページを参照にして着色します。

リース　口絵26ページ

●材料

粘土5個。22番ワイヤー10本。リースボディー(外径30cmの発泡スチロール)。木工用ボンド。

●作り方のポイント

沢山の花、葉が必要です。指先で細かく表情を作る練習にもよく、ワイヤーをつけて作り置きもできます。

粘土はよく乾燥させてから着色し、ワイヤー部分にボンドをつけてリースボディーに斜めに差し込みます（ワイヤー丈が全部はいるように）。

とても豪華なリースです。

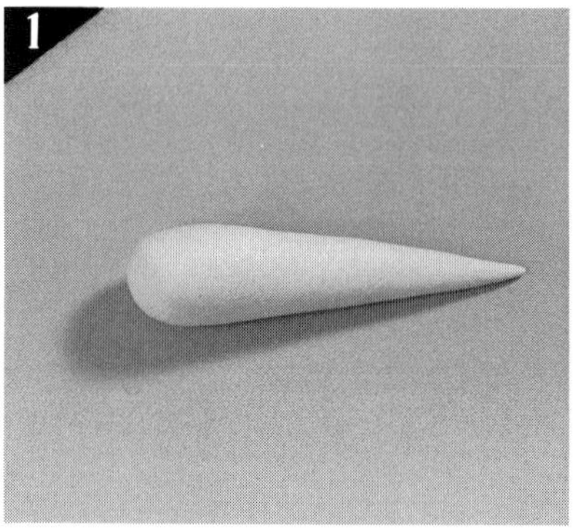

大の花は梅干大の粘土を丸め、手のひらで涙状に作ります。

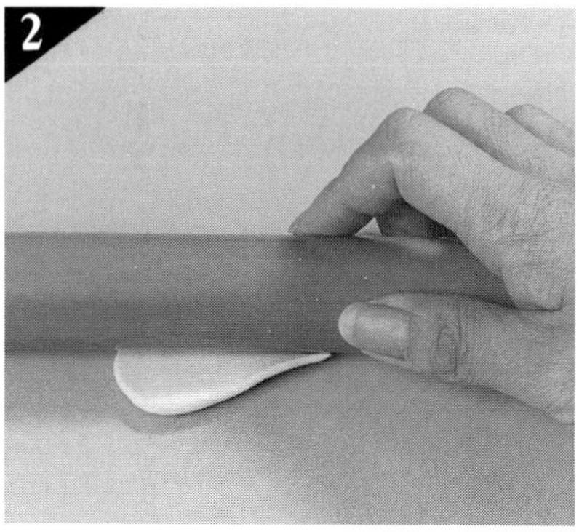

花びらの形になるように、めん棒で伸ばします。

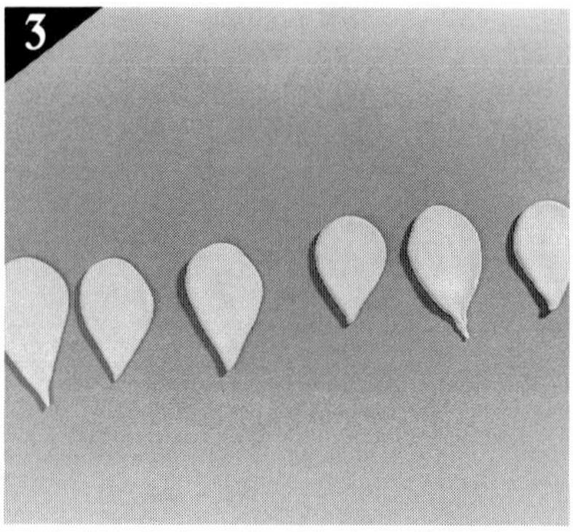

同じ大きさの花びらを6枚用意します。

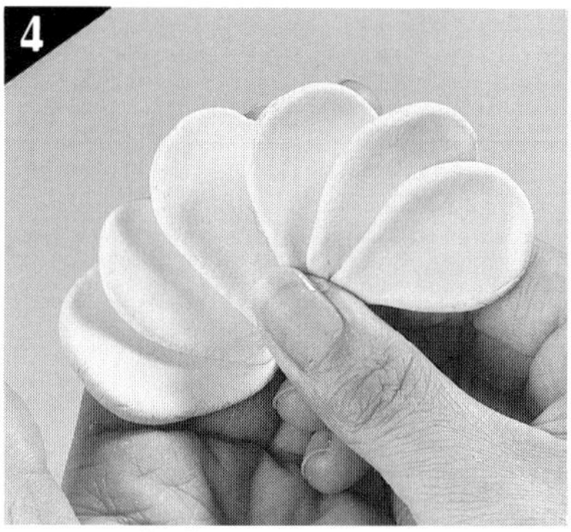

6枚の花びらは、元を重ね、先を開いて扇状に持ちます。

花びらの元をぐるっと巻き込むと、先がきれいに開きます。

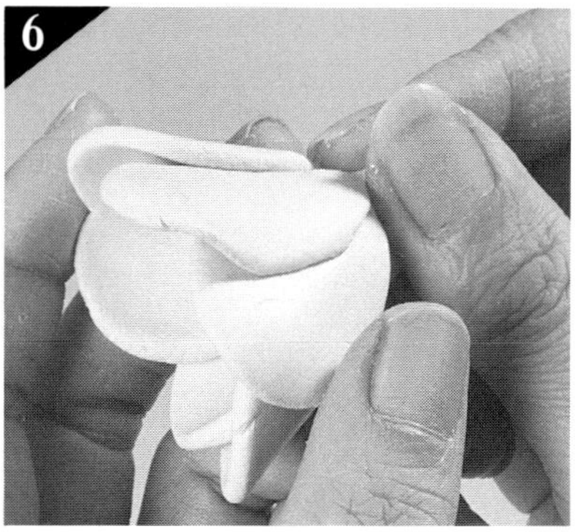

花びらの元を一束につまんで、しっかりと同化させます。

大豆大の粘土を丸めて花芯を作り、花びら中心に入れます。

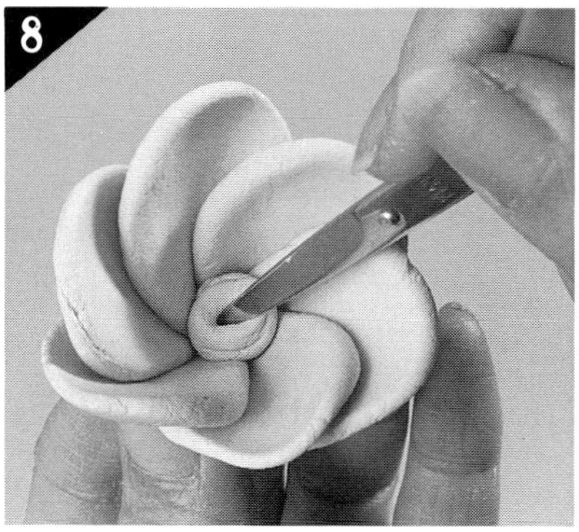

花芯をハサミの先でしっかりと押さえながら花芯の感じに作ります。

花びらの外側を指先で薄く伸ばし、6枚の花びらに表情をつけます。

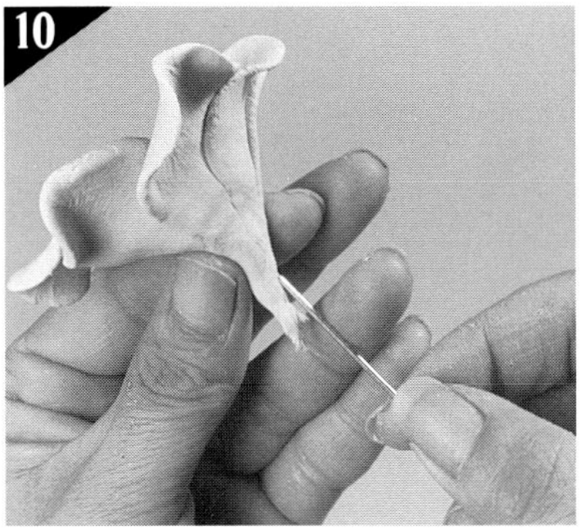

ワイヤーを¼長さに切り、花の元から花芯に向けて差し込みます。

花の元の粘土を、指先を使ってワイヤーに巻きおろします。

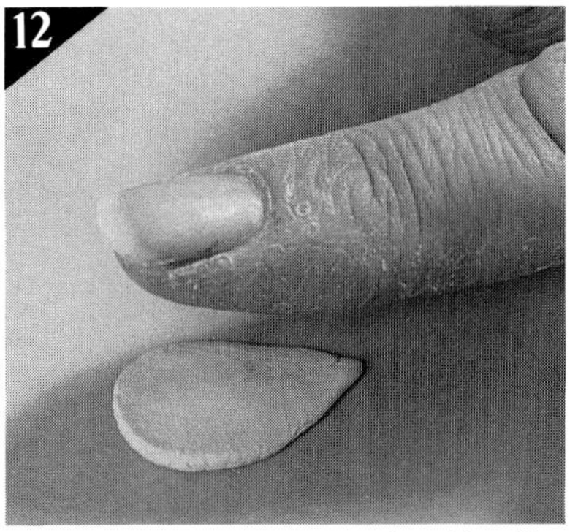

小の花は大豆大の粘土を涙状に作り、指先でつぶして薄く作ります。

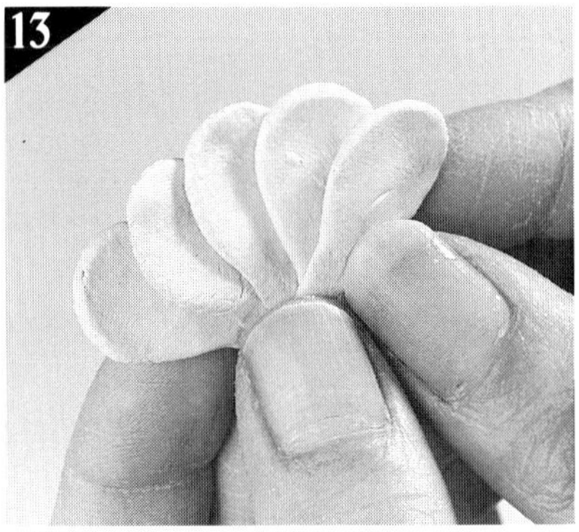

花びら5枚を扇状に並べて持ち、**5**と同じように巻きます。

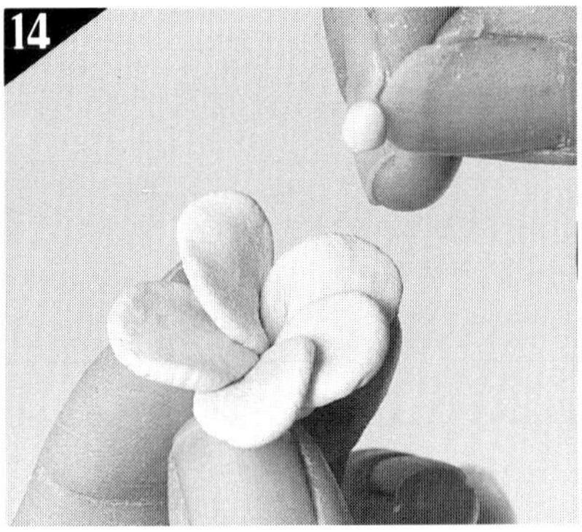

米粒大の粘土を丸め、花びら中心に入れて花芯にします。

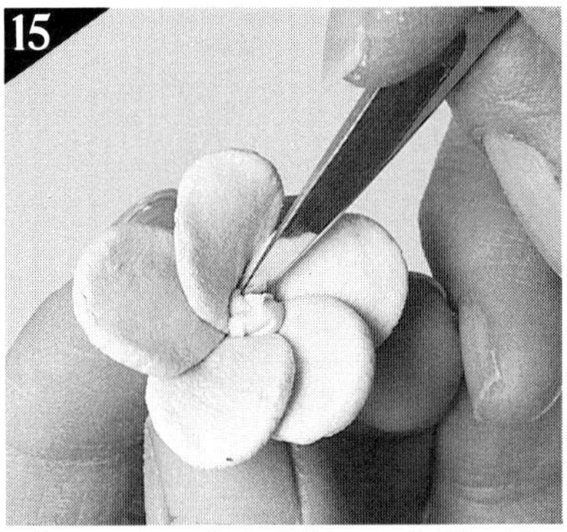

花芯は大の花を参照して作り、同じようにワイヤーをつけます。

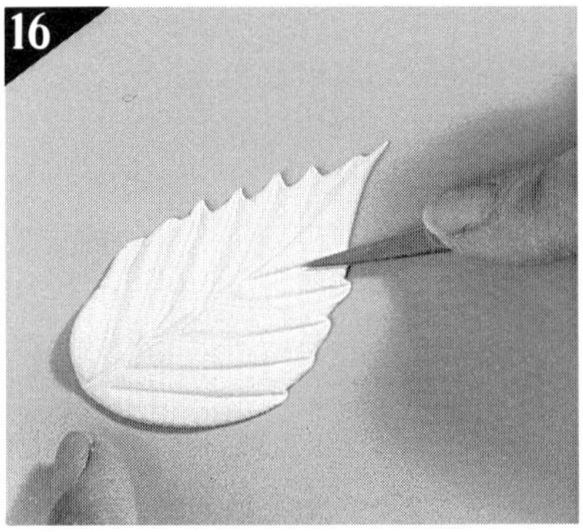

葉は梅干大の粘土を涙状に作って薄く伸ばし、葉脈をつけます。

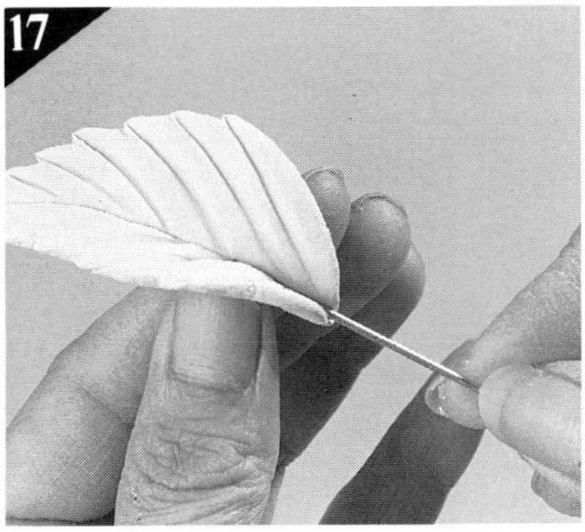

ワイヤーを¼長さに切り、葉のつけ側中心にのせてつけます。

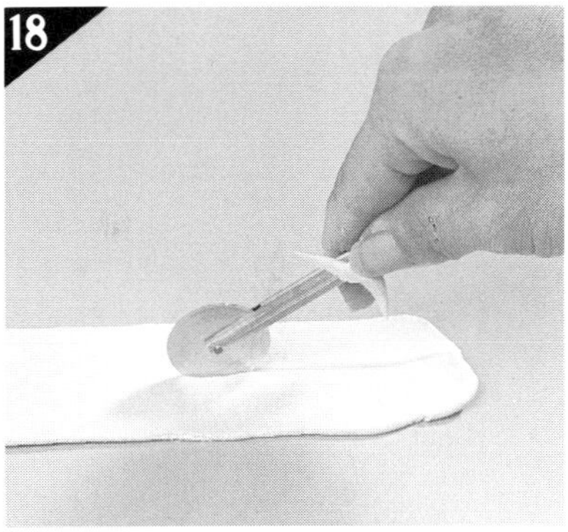

リボンは粘土を3ミリ厚さに伸ばし3cm幅のテープ状にカットします。

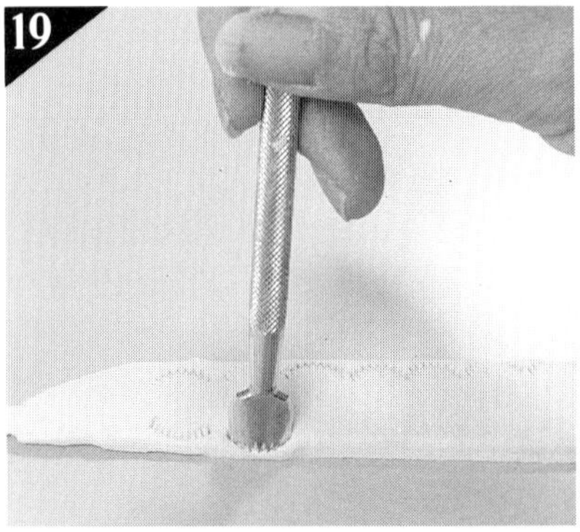

押型でリボンの模様をつけます。

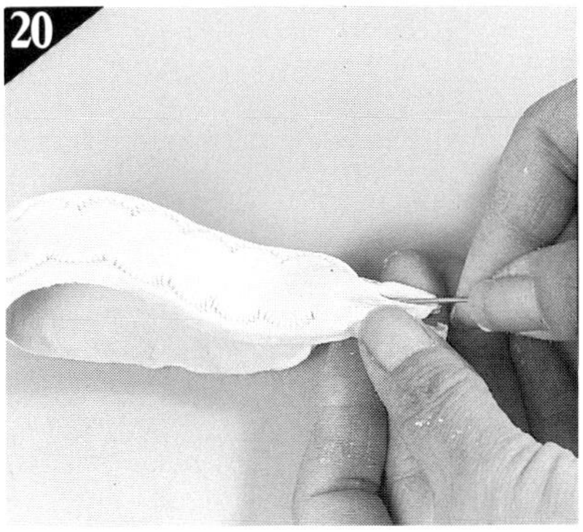

結び分は14cm長さを輪にし、結び目部分にワイヤーをつけます。

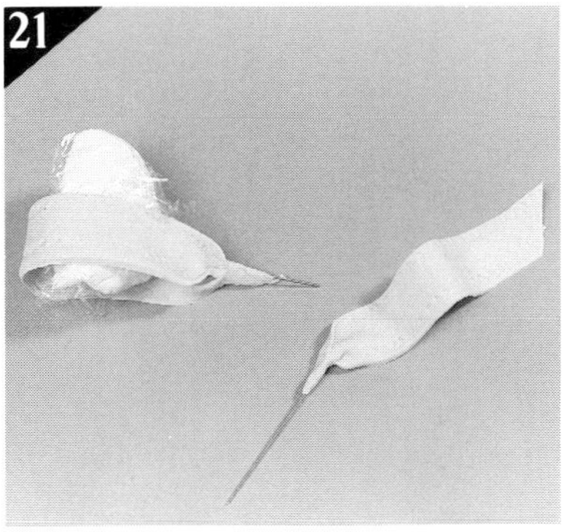

結びの輪部分に芯を入れて型くずれを防ぎます。たれは長さ10cm。

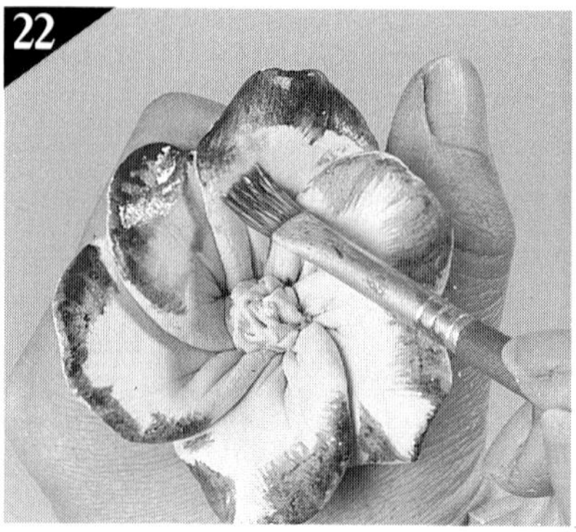

バラの花(44ページ参照)、大小の花、葉、リボンを乾かし着色します。

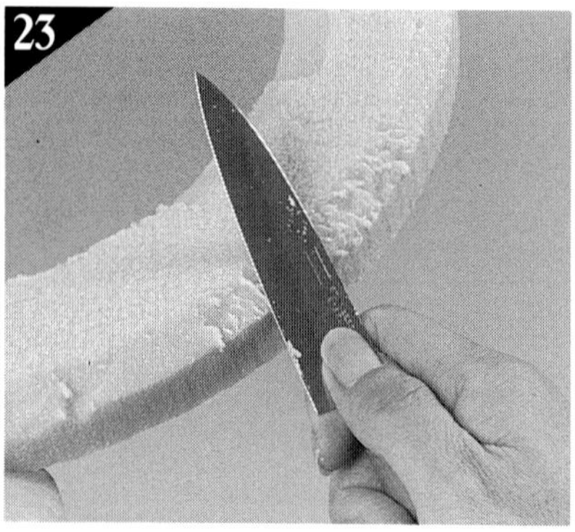

リースボディーのかどをカッターで、かまぼこ形にけずります。

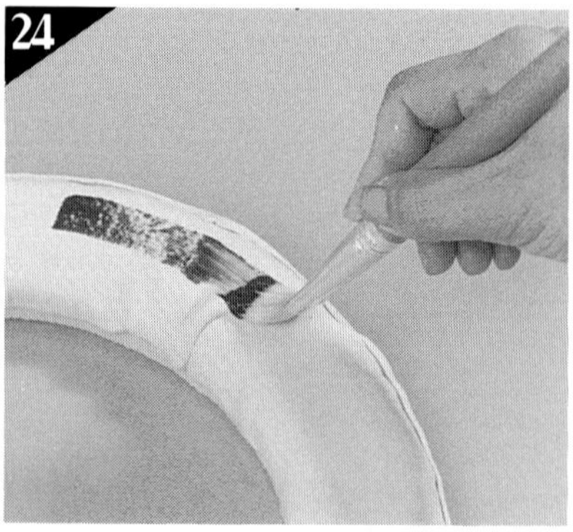

粘土を薄く伸ばし、リースボディーを包み、葉の色で着色します。

着色、ニス塗りをした花は約50輪、葉も50枚位用意します。

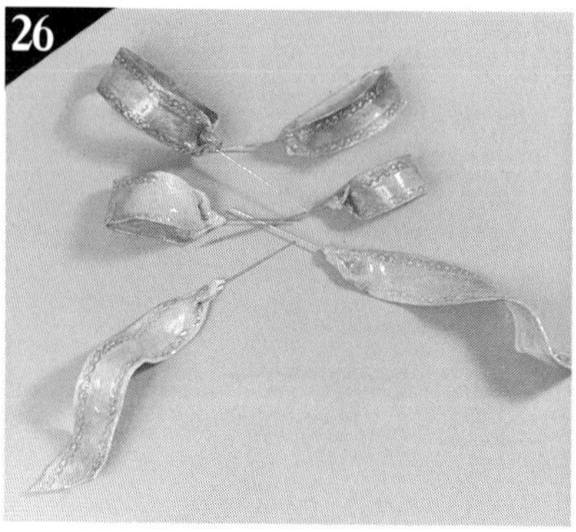

リボンも同じに作り、結び 4 個、たれ 2 本を用意します。

葉のワイヤーにボンドをつけ、リースボディーに斜めに差します。

花も葉と同じ要領でバランスよく差し込みます。

側面もリースボディーが見えないように葉と花を飾りつけます。

全体の感じを見て、最後にボンドをつけたリボンを差して仕上げます。

ねじりロープの手つきかご 口絵15ページ

●材料

粘土3個。18番ワイヤー2本。ボール(直径20cm)。木工用ボンド。ラップ。

●作り方のポイント

ロープの変型で編んだバスケットです。縦芯になるロープは2本どりで型回りに7本か9本の奇数をのせますと、1本おきにすくってぐるぐると編み下げられ、手早くできます。

ロープを作りながら編み進める作業は、手早くしないと乾き気味になりますから、手なれた方におすすめしたい作品です。手は倒れるように作ります。

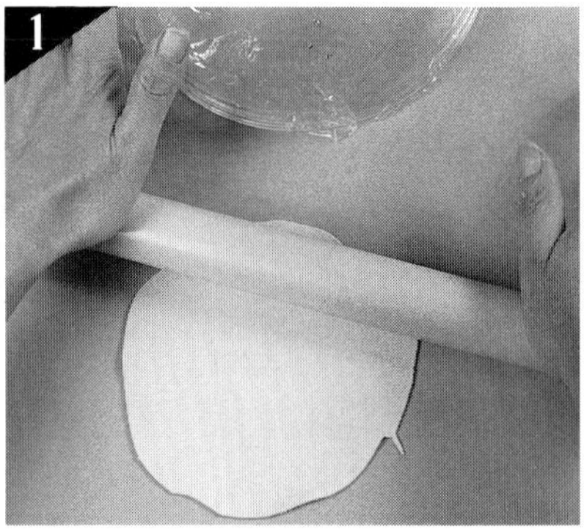

粘土を5ミリ厚さに伸ばし､型(ボール)底の大きさに切ります(底面)。

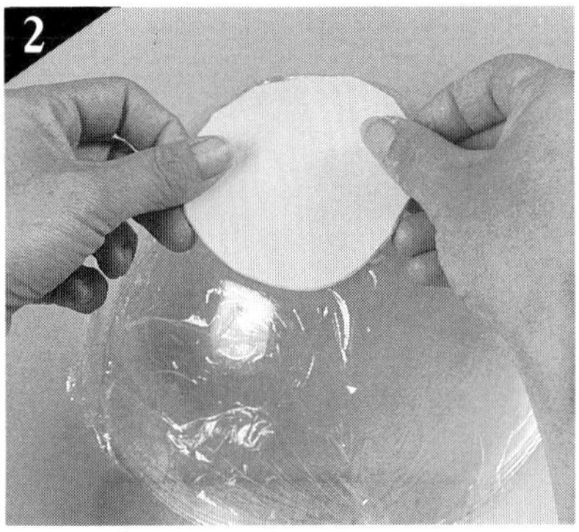

ラップでくるんだ型の底上に**1**の底面をのせます。

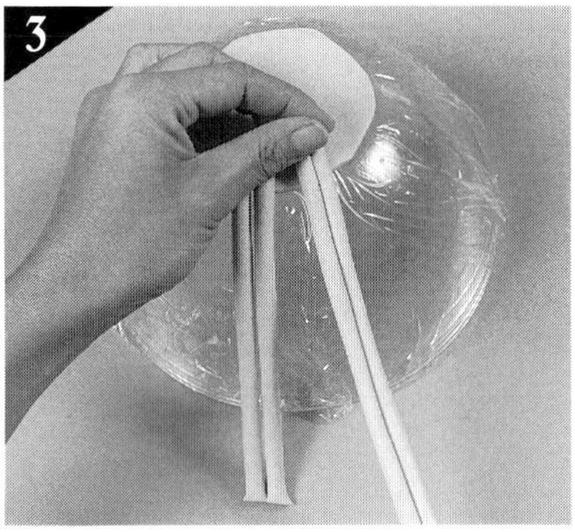

直径5ミリ､長さ30cmのロープを二つ折りにして縦芯を作ります。

縦芯は型の周囲に7か9本の奇数でまとめるように等分にのせます。

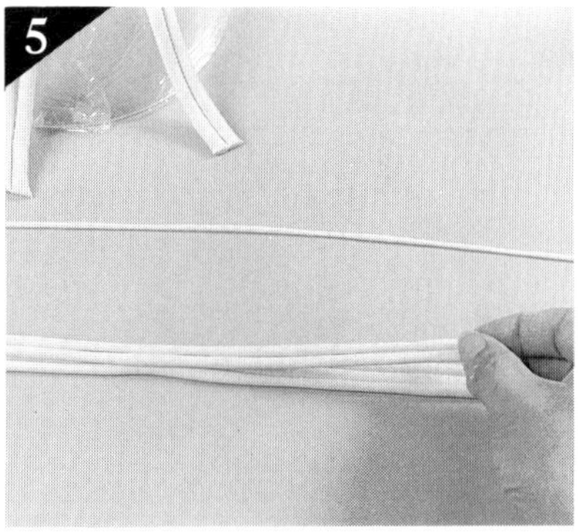

直径3ミリの細いロープ6本を作り、3本を並べた上に2本をのせます。

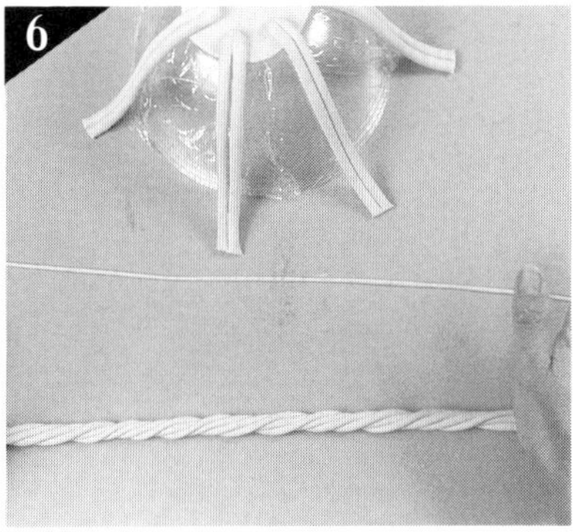

5本のロープ端を両手で押さえてねじります。

ねじりロープに、残っている1本をねじりと逆方向に巻きつけます。

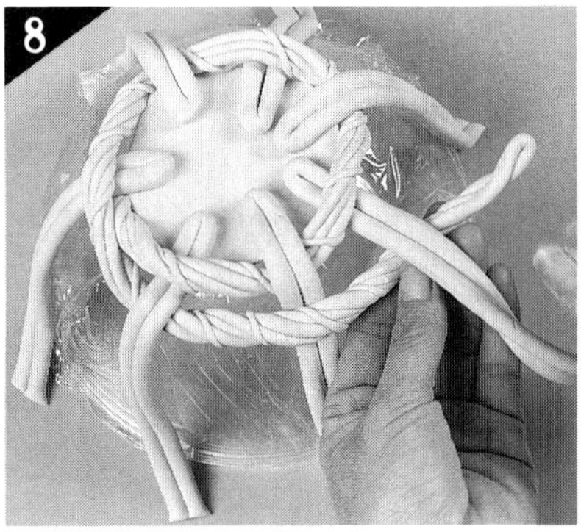

7のロープを編み芯にして、縦芯を1本おきにすくって編みます。

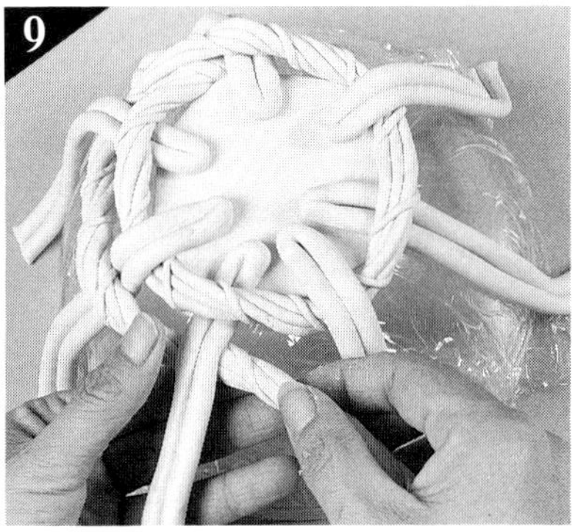

編み芯は、縦芯の裏で継ぐように操作しながら編みます。

10 縦芯は奇数なので交互にすくいながらぐるぐると下まで編みます。

11 型の口に合わせて、ロープの余分をハサミで切り落とします。

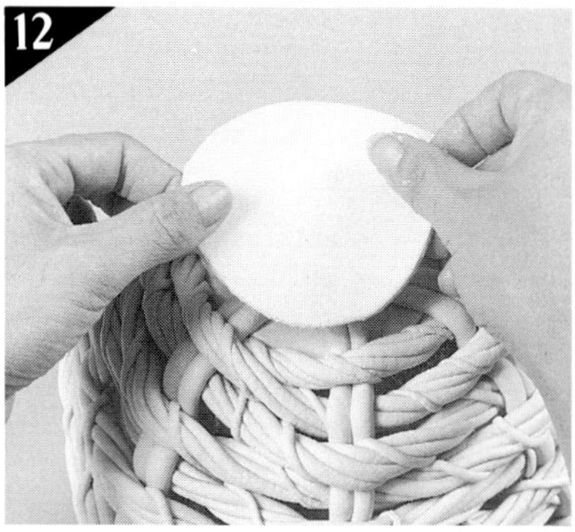

12 底中央に**1**と同じ底面をのせて押さえつけます。

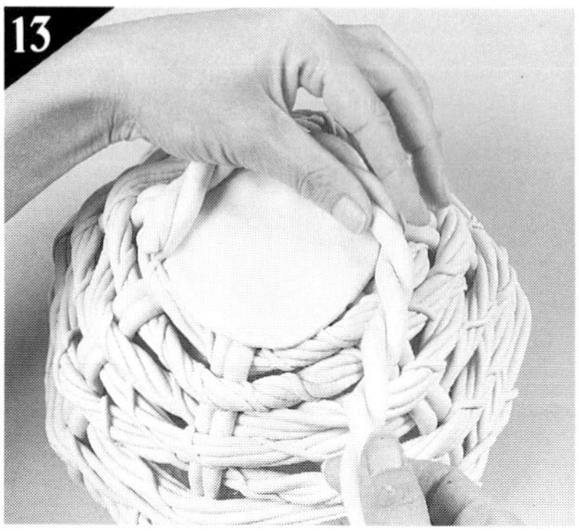

13 直径1cmのロープ2本をねじり、底面回りにつけます。乾かします。

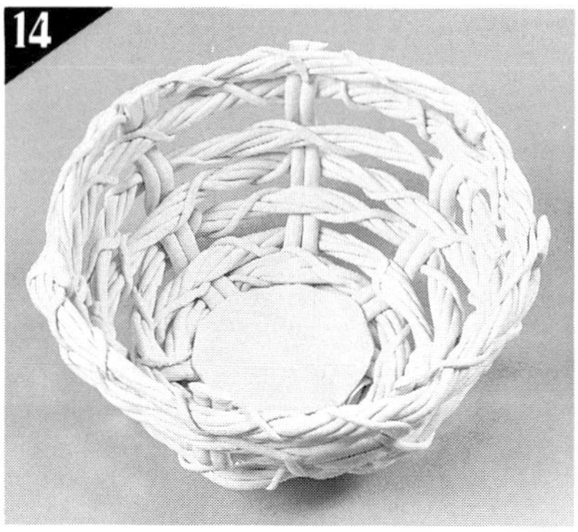

14 型を抜き取り、本体内側の底面回りにボンドを細くつけます。

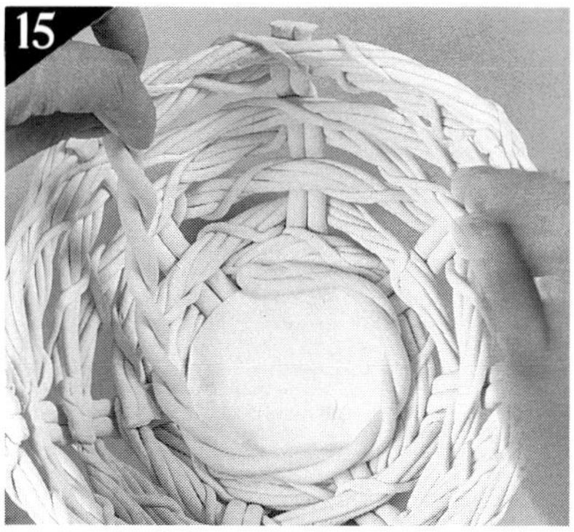

15 直径5ミリのロープ2本をねじり、ボンドをつけた上にのせます。

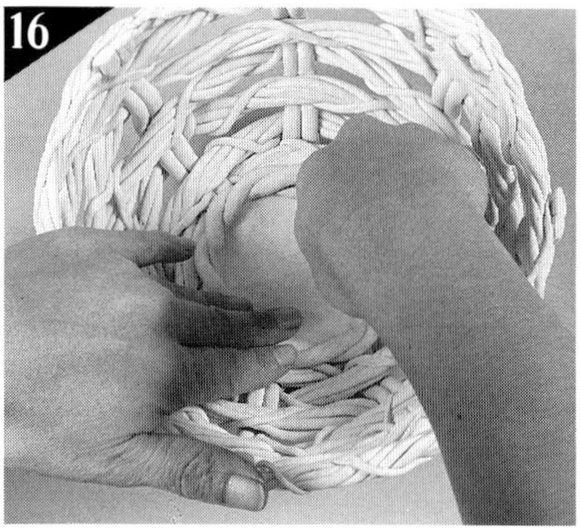

16 ねじりロープがはがれないように、しっかりと押さえつけます。

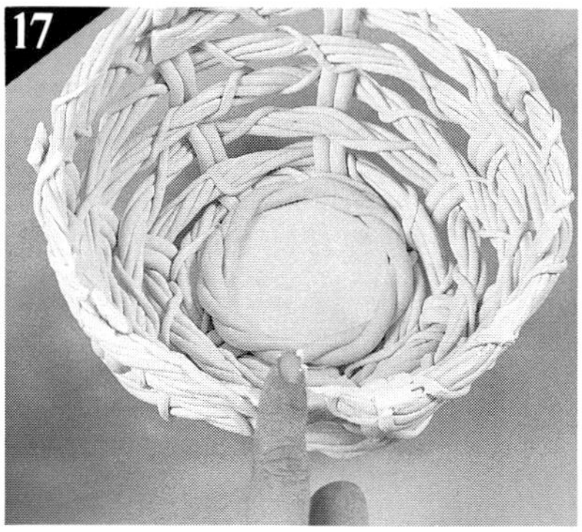

17 本体縁回りにボンドをつけます。

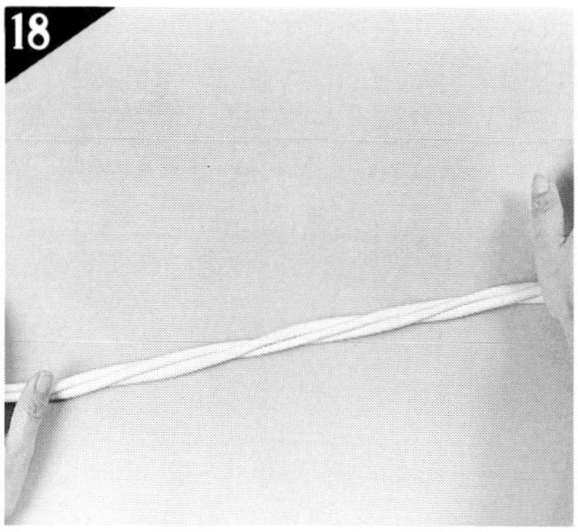

18 直径7ミリのロープ3本を作り、2本の上に1本をのせてねじります。

19 縁回りにねじりロープを押さえながらつけ回します。

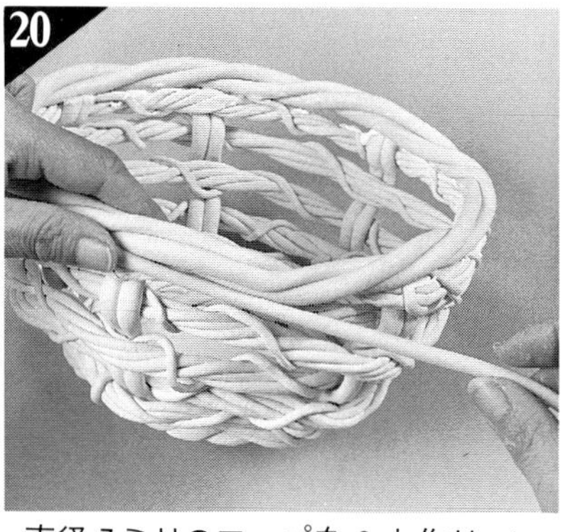

20 直径7ミリのロープを2本作り、1本を**19**つけ位置の外側につけます。

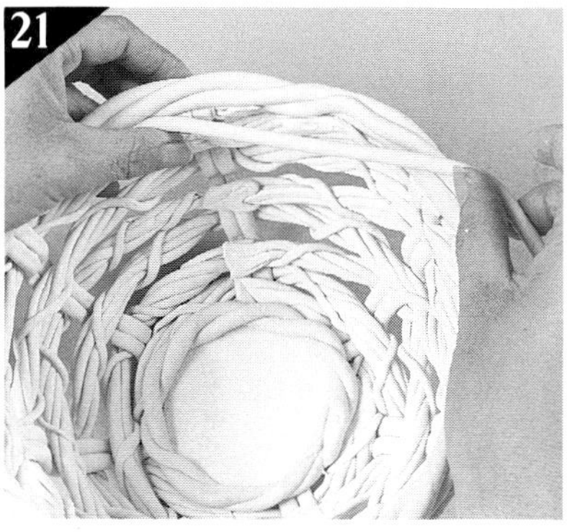

21 1本を内側につけ回します。縁は三重になり、しっかりします。

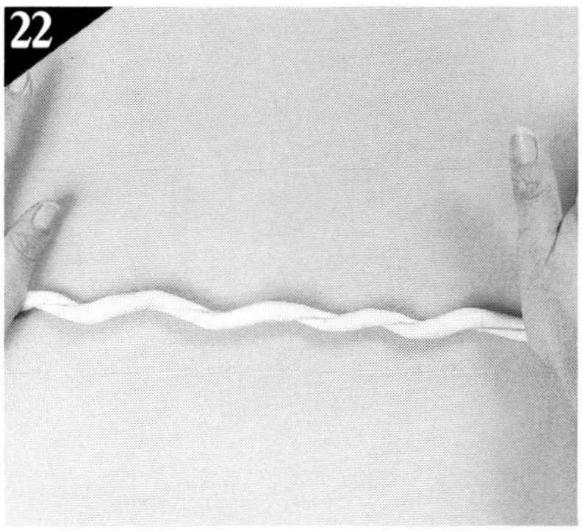

直径8ミリのロープとワイヤーをより、ワイヤー入りロープを作ります。

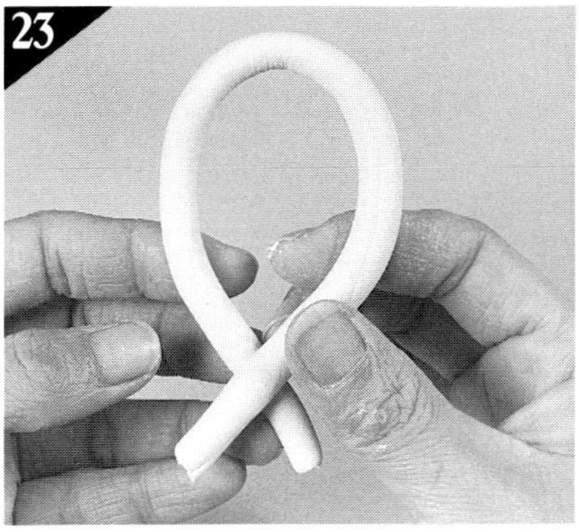

2等分の長さに切り、リング状に曲げて先をクロスさせます(手通し)。

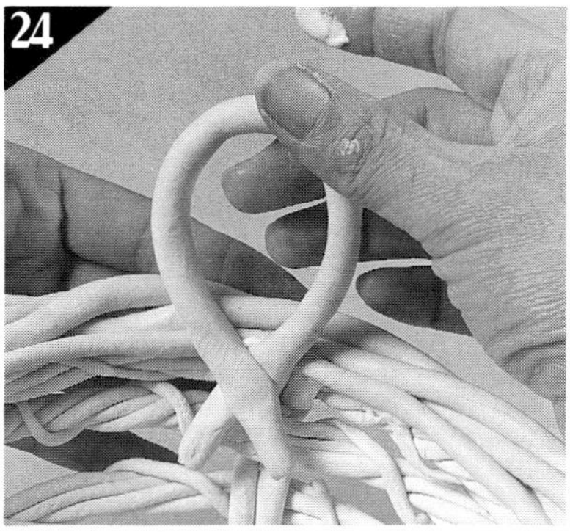

手通しのクロス位置にボンドをつけ、本体内側につけます。

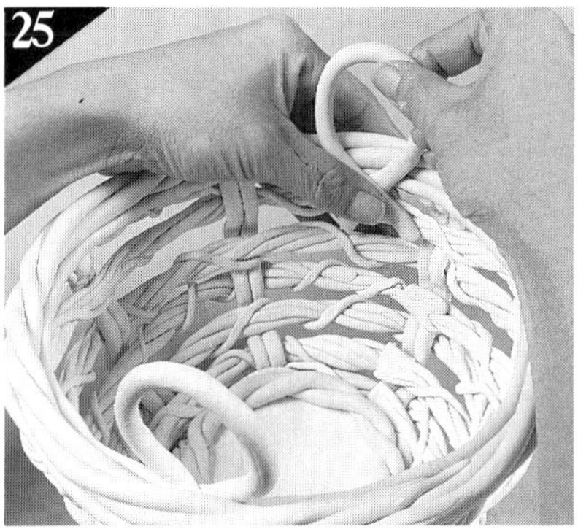

手通しは本体の両側につけ、よく乾かします。

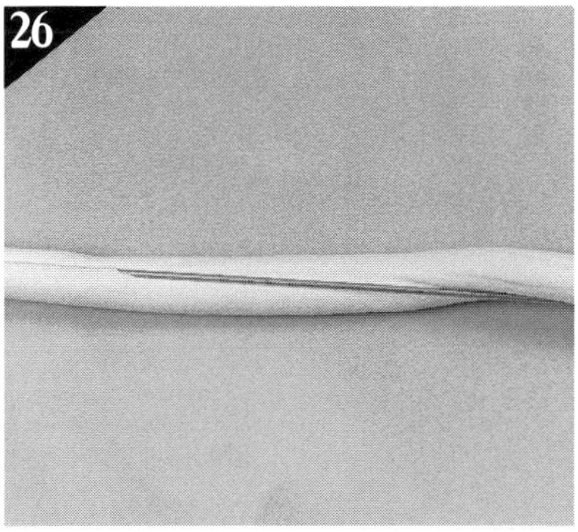

直径1.2cmのロープにワイヤーを巻き込みます(写真**22**を参照)。

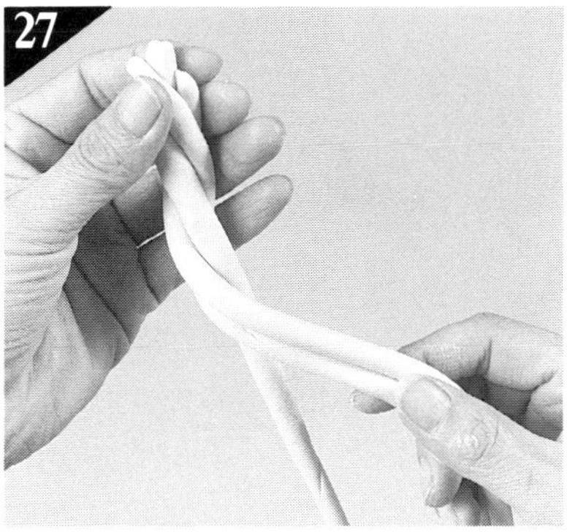

26のロープを芯にして、直径7ミリのロープ2本どりを巻きつけます。

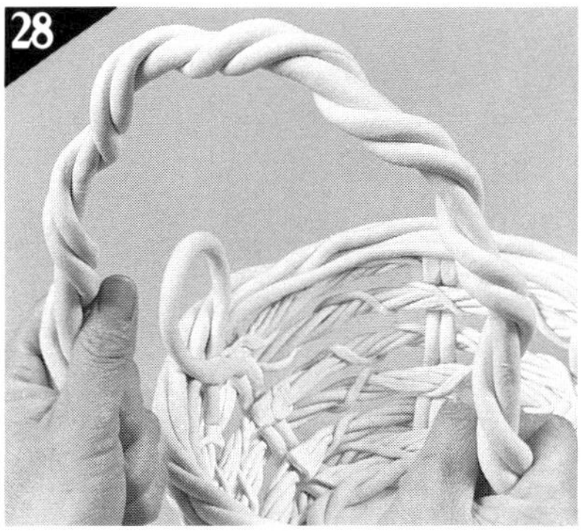

手を本体のつけ幅に合わせて曲げ、形作ります。

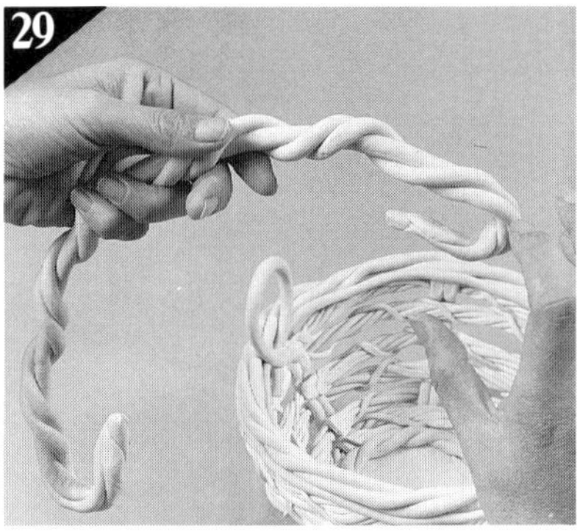

手の両端は、手通しに引っ掛けるように折り曲げます。

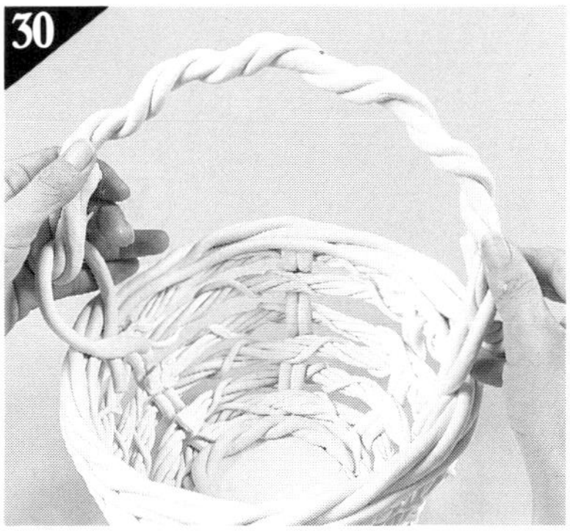

手通しに手を引っ掛け、手が動くようにゆとりを持たせます。

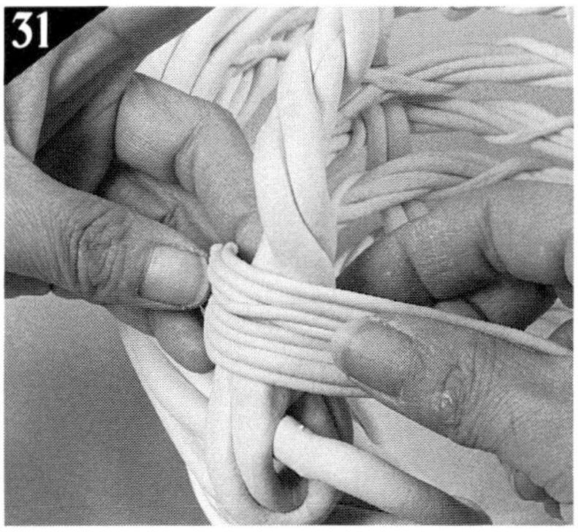

直径2ミリ位の細いロープ8本どりで、手の折り曲げ先を巻きます。

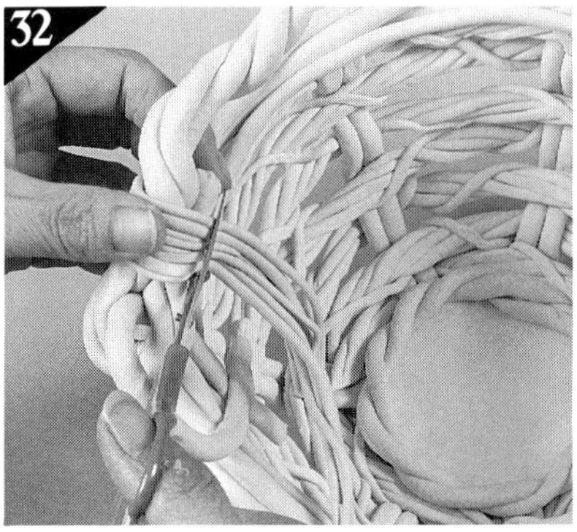

巻いたロープの余分は手の内側で切り取り、よく同化させます。

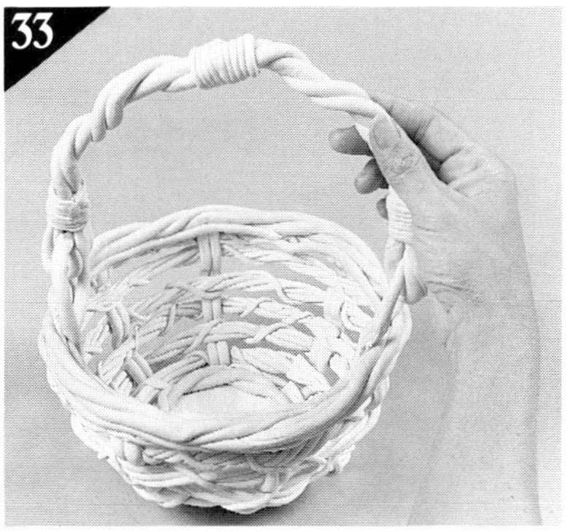

手の中心も**31**と同じロープで巻きくるんで仕上げます。

フリルの小物入れ

口絵12ページ

●材料

粘土4個。18番ワイヤー1本。空カン(直径20cm×深さ10cm)。木工用ボンド。

●作り方のポイント

フリルがたっぷりのレースがついたエレガントな入れ物です。

空カンを芯にして、表裏を粘土で包むようになりますから、粘土は全体に大きく、厚さを平均に伸ばすのがコツです。

2段につけるレースは、重たく見せないように、しかもエレガントに見せるため、つける寸法の1.5倍位のレース丈をギャザーします。

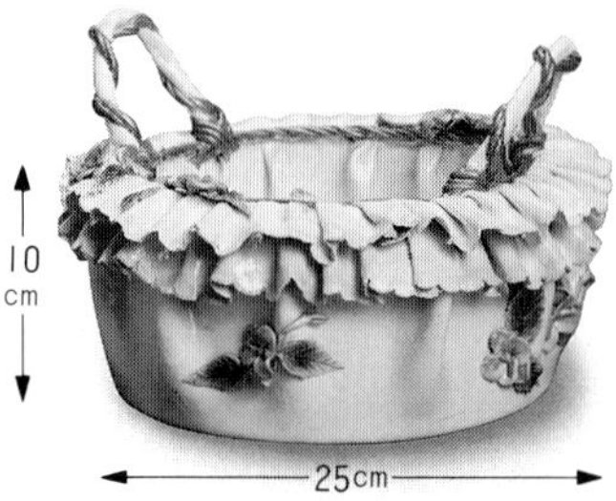

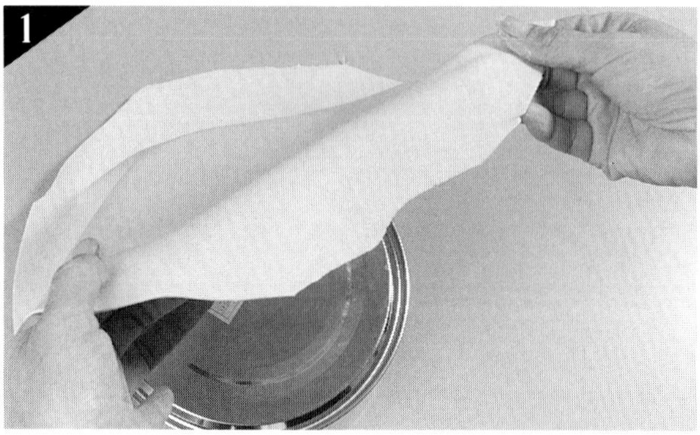

粘土½個分を厚さ3ミリの円形に伸ばし、空カン(芯)の底にかぶせます。

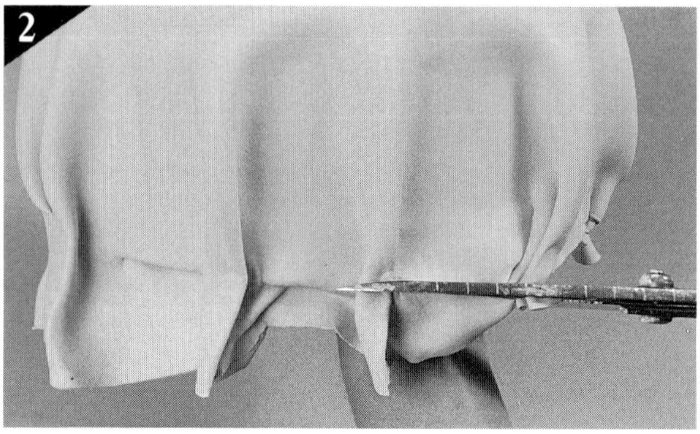

底から側面を形よくくるみ、空カンの口より1cm下からの余分を切り落とします。

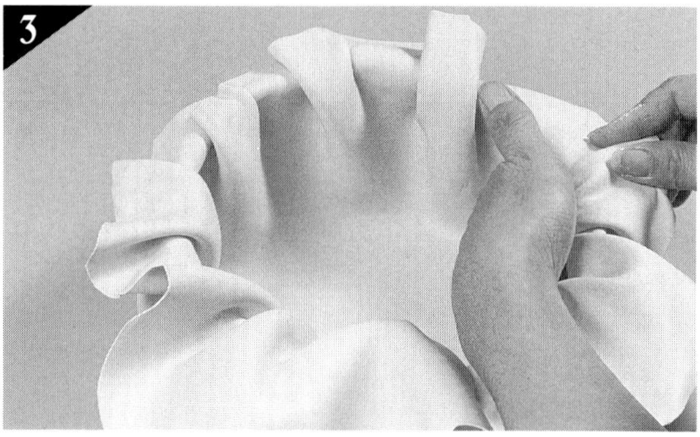

空カンを上に向け、1と同じ円形を、カンの内側にそっと入れて、なじませます。

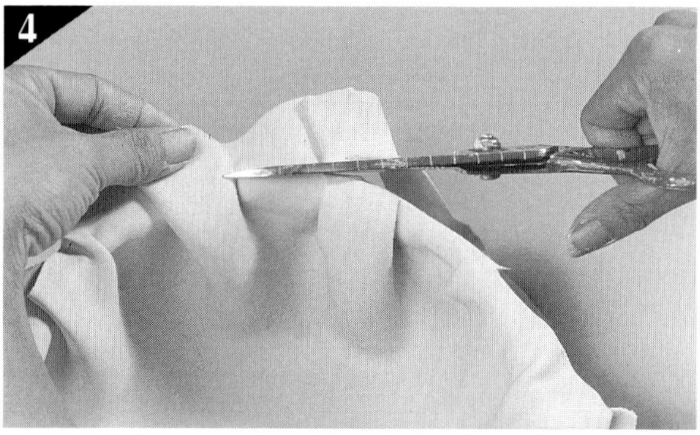

形を整え、余分は口位置に合わせて2枚一緒に切り落とします。

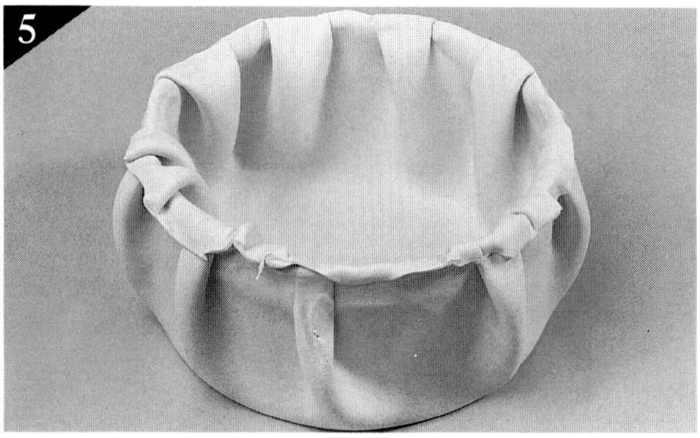

本体の形を整え、口回りにボンドをつけます。

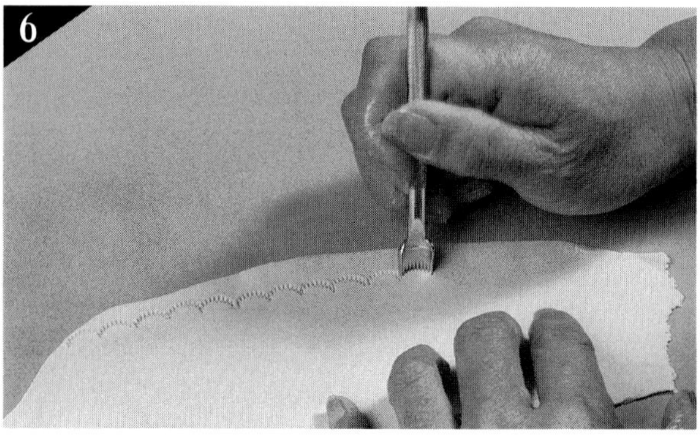

粘土¼個を2ミリの厚さで6cm幅のテープ状に伸ばし、端をレースの押型で強く押します。

押型の外側を取り除き（58ページ参照）、花の押型で模様をつけます。

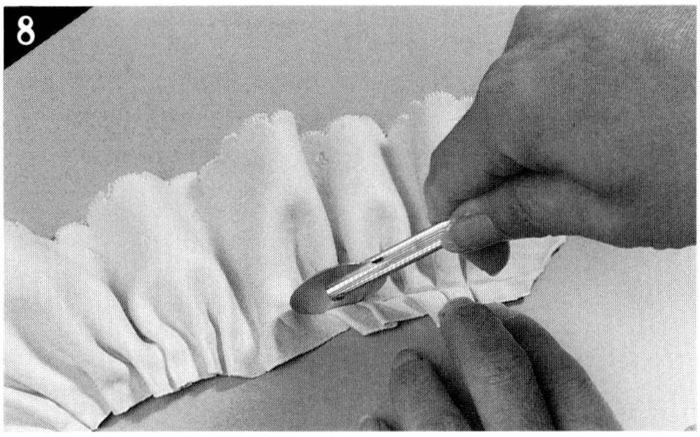

レースのつけ側にギャザーを寄せ（つけ寸法の1.5倍丈をギャザー）、5cm幅にカットします。

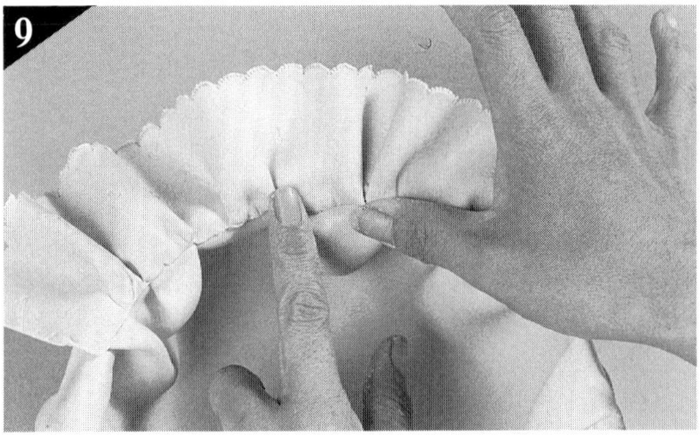

本体の口回りにレースをつけます。

2枚めのレースは4cm幅に作り、1枚めの上にのせて形よくつけます。

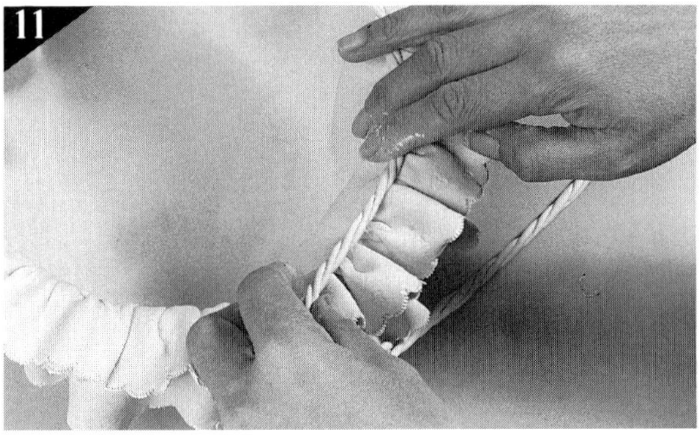

直径5ミリのロープ2本をねじり、レースつけ位置にボンドでつけます。

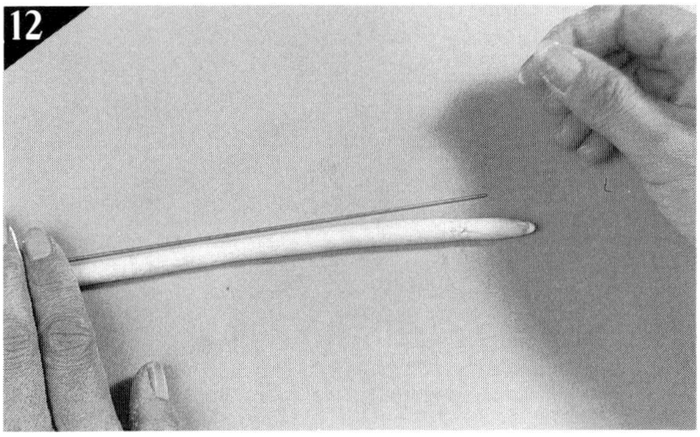

直径1cmで16cm長さのロープ2本を作り、それぞれにワイヤーを入れます（52ページ参照）。

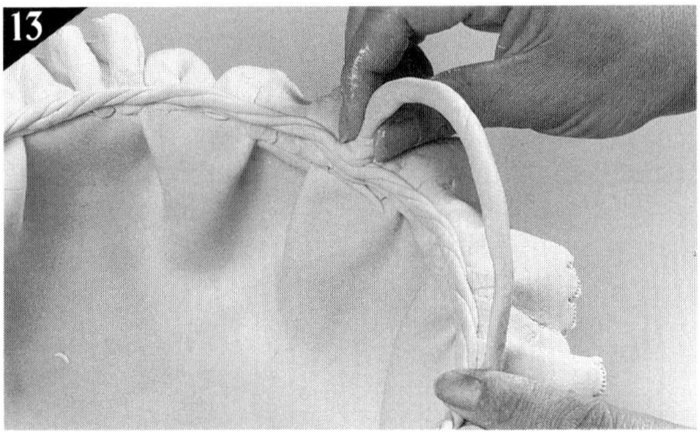

手は形よく曲げ、本体の両サイド内側にボンドをつけてつけます。

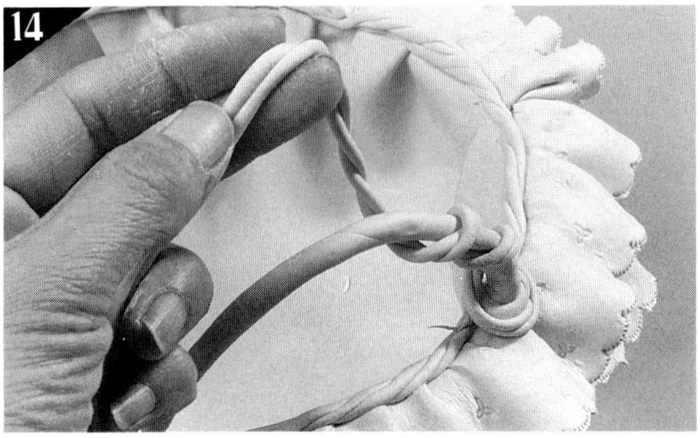

直径2ミリの細いロープ2本を作ってねじり、手にからませます。

15

スミレの花は、大豆大の粘土を涙状に作ってから薄く伸ばして花びらを作ります（5枚）。

16

スミレの形に花びらを組み、米粒大の粘土を丸めて花芯にします。

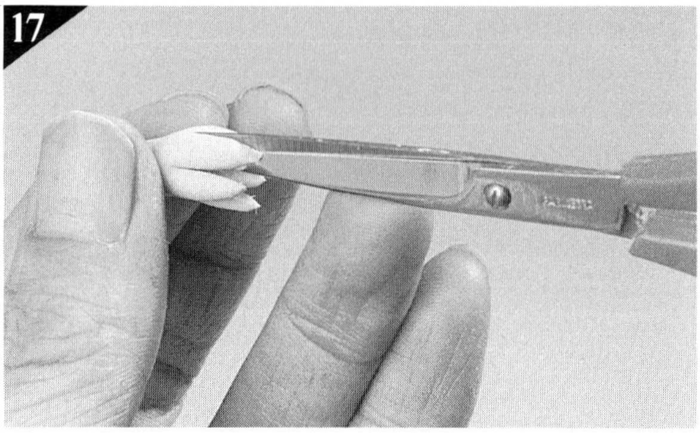

17

つぼみは、大豆大の粘土で涙形を作り、先に5等分の切り込みを入れます。

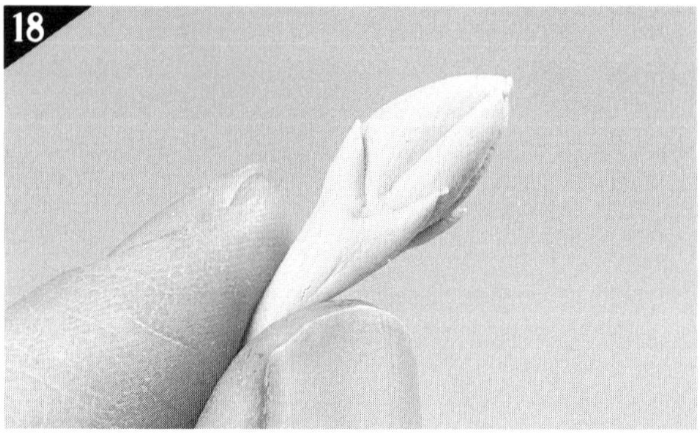

18

つぼみの根元側も、がくの形に5等分の切り込みを入れます。

19

スミレの花10輪、つぼみ6輪、葉7～8枚を用意します。

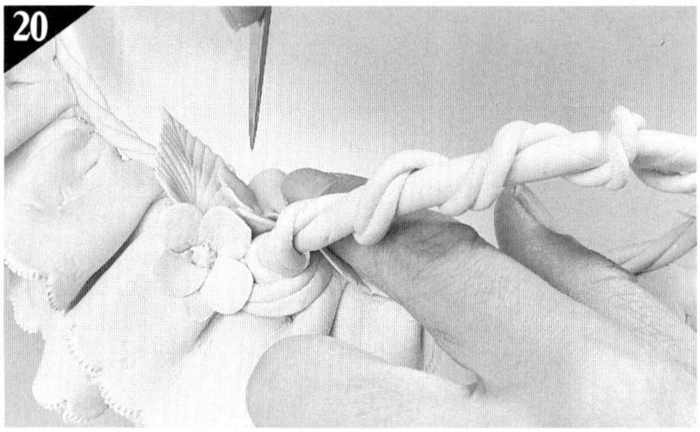

20

手のつけ根に葉と花、つぼみを形よくつけます。

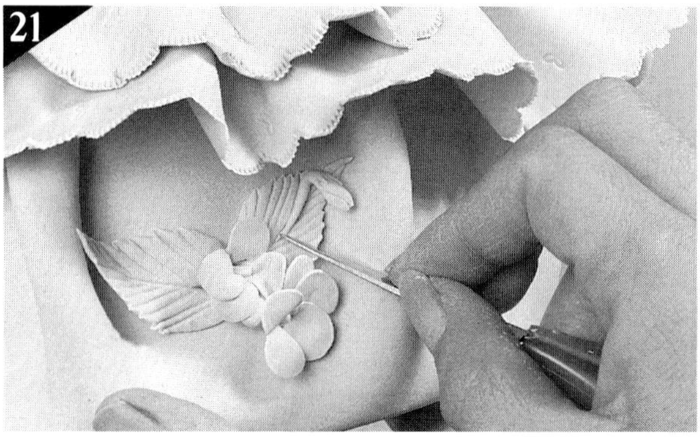

21

残りの葉、花を側面にも飾ります。

22

全体に自然に乾かし、口絵ページの配色で45ページを参照して着色します。

ふたつき小物入れ　口絵14ページ

●材料

　粘土 3 個。木工用ボンド。どんぶり(直径16cm)。皿(直径16cm)。ラップ。

●作り方のポイント

　キッチンにある身近な器を型にして作りました。本体の型になるどんぶり鉢と、ふたの型になる皿の直径は同じものを選びます。

　細めのロープは編まずにメッシュ風に重ねてつけるので、粘土同志はよくつくように上から押さえながらつけましょう。

　ふた上の飾り花は、つまみにもなるため、しっかりつけます。

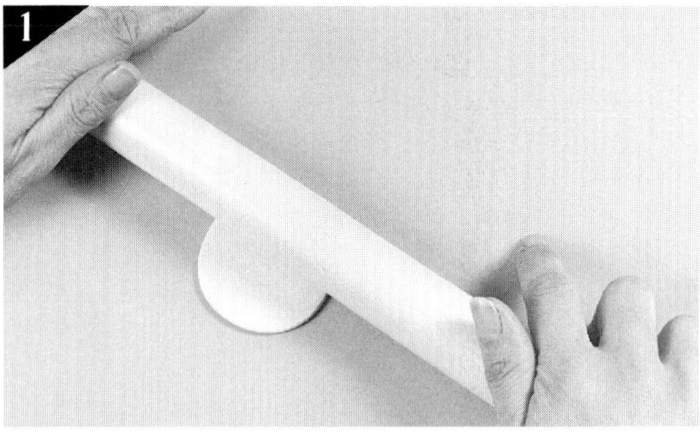

本体から作ります。
梅干大の粘土をめん棒で 5 ミリ厚さに伸ばします。

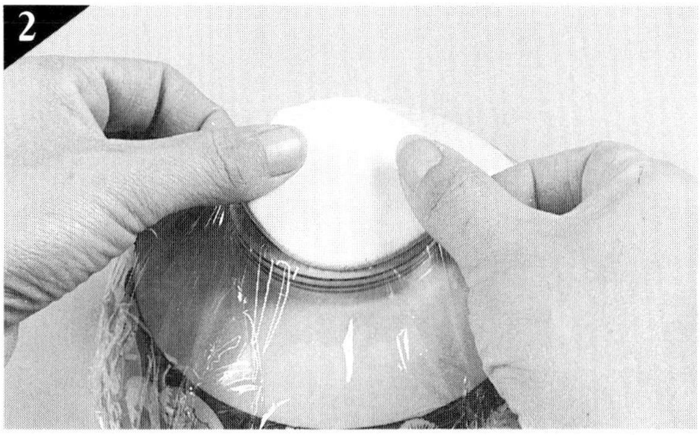

ラップでくるんだ型(どんぶり)、底に 1 の底面をのせます。

直径 5 ミリで30cm長さのロープを二つ折りにして、両手でねじります。

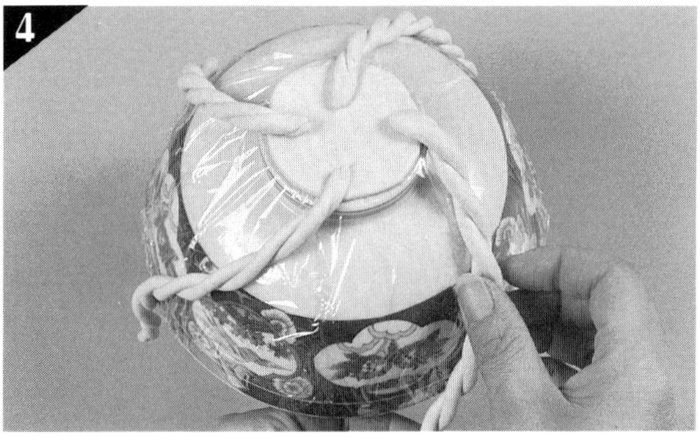

ねじりロープ 4 本を型回りの天地左右にゆるやかな曲線をかくようにつけます。

ねじりロープは型の口側で2.5～3cm間隔になるようにつけ、さらにその上に反対のカーブでのせます。

底の上に 1 と同じ底面を作ってのせます。

7

型に合わせ、口回りをハサミで切りそろえます。

8

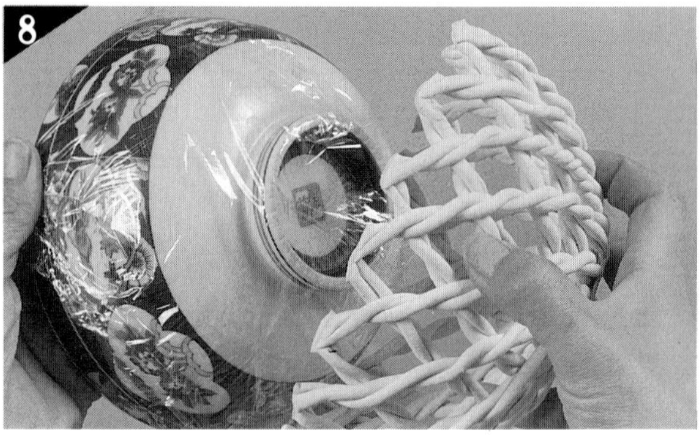

2日程度乾かし、型からはずします。

9

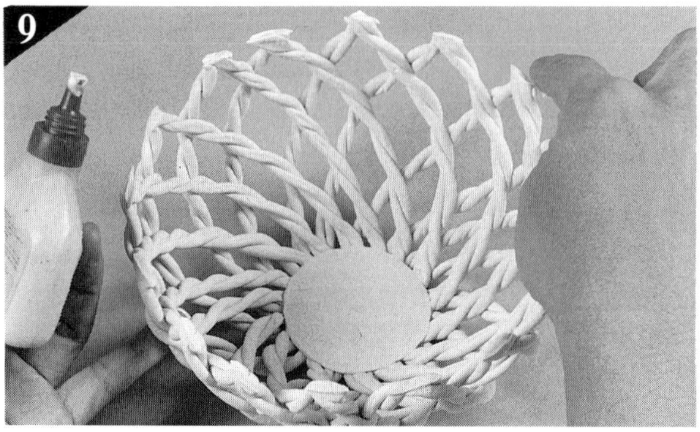

口回りにボンドをつけます。

10

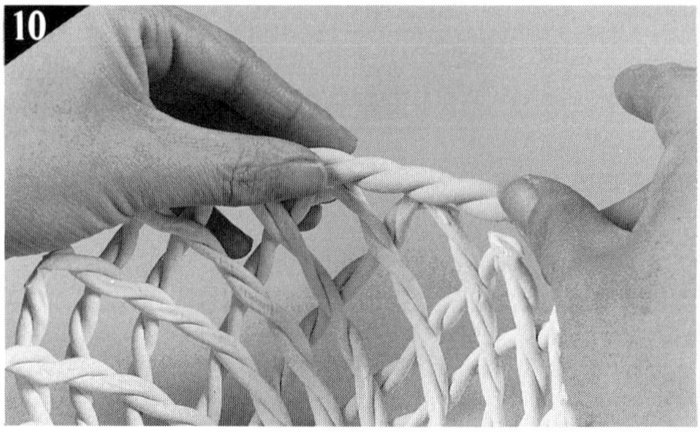

直径7ミリのロープ2本を両手でねじります。ねじったロープを本体の口回りにつけます。

11

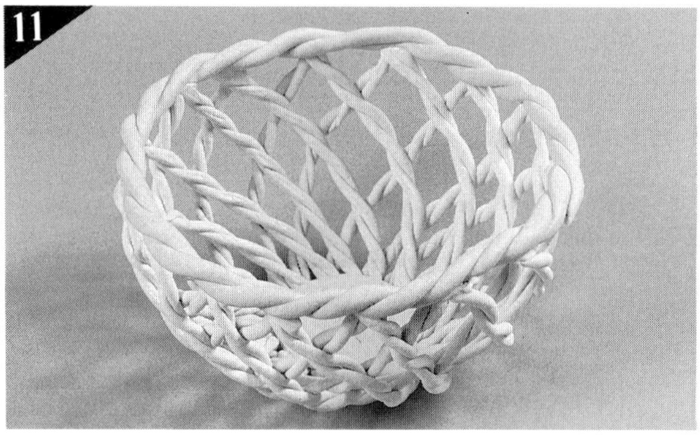

本体のでき上がりです。形を整えてよく乾燥させます(2日程度)。

12

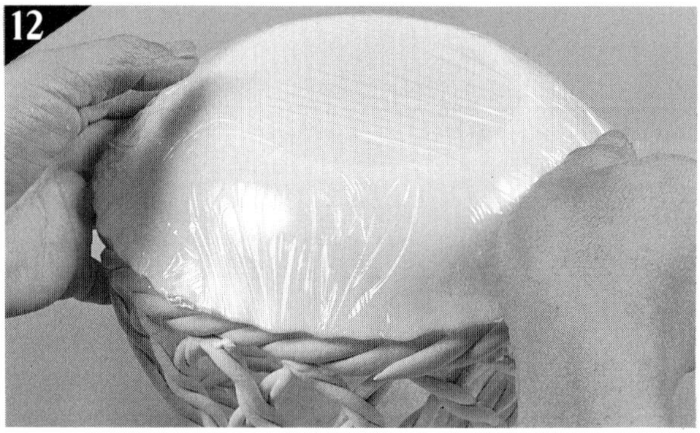

ふたを作ります。
本体に丸みのある皿をのせて合わせ、型にします。

13

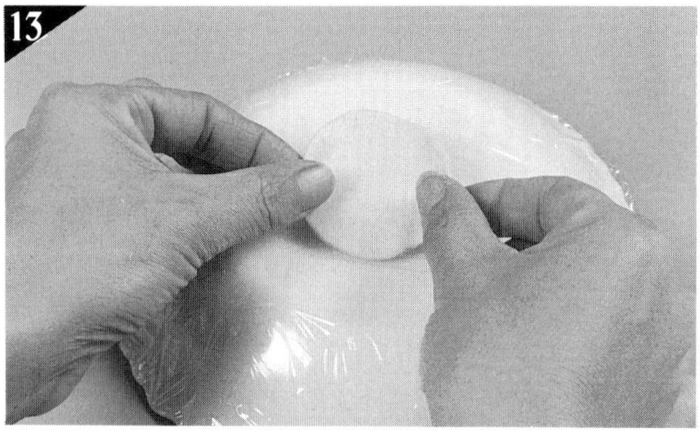

型をラップでくるみます。底の中央に粘土を5ミリ厚さで直径5cmの円形に作ってのせます。

14

直径5ミリで25cm長さのロープを二つ折りにしてねじります。

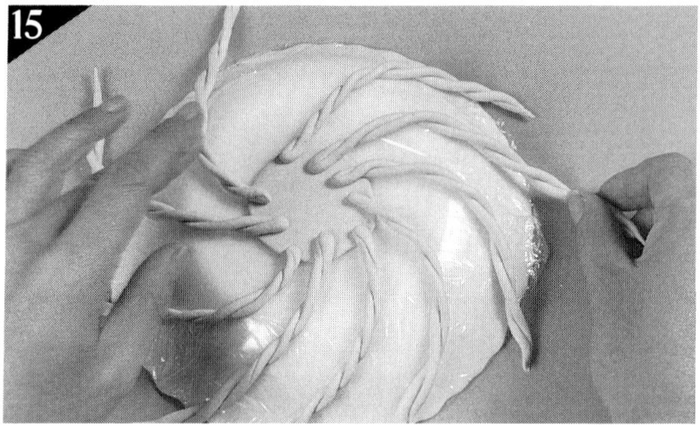

本体と同じにカーブをつけながら、ねじりロープをつけます。

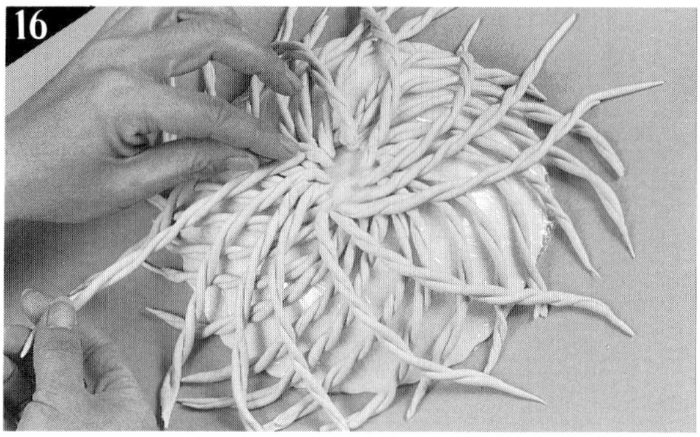

次は前と逆カーブにして、メッシュ状になるようにつけます。

12と同じ円形を作り、中心にのせてつけます。

型の口回りに合わせ、余分の粘土を切り落とします。

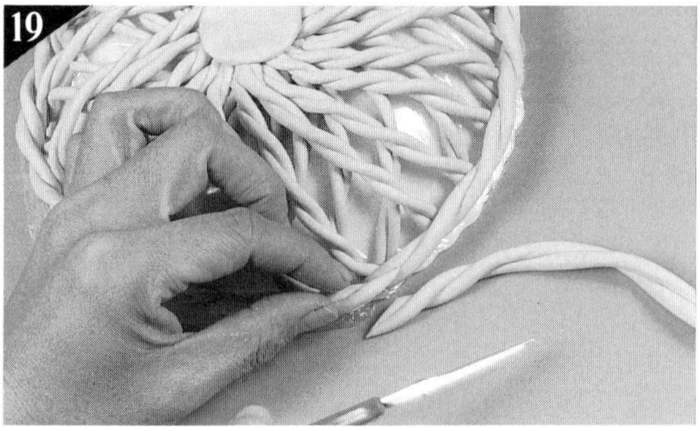

直径7ミリのロープ2本をねじり、ふた回りにのせて押さえつけます。

バラの花は1輪、葉は3枚作ります（44ページ参照）。葉と花を、ふたの中心にのせてつけます。

ピーナッツ大の粘土で作った葉約40枚を、ふたの回りに表情をつけながらつけます。

ふたのでき上がりです。花と葉はふたのつまみになりますから、よく同化させて乾燥させ、着色します。

ループバスケット 口絵12ページ

●材料

粘土２個。18番ワイヤー２本。大鉢(直径20㎝で底の広いもの)。木工用ボンド。ラップ。

●作り方のポイント

型にＵ字形のロープをのせて作ったバスケットです。ロープはねじってあるので表面に凹凸がついているのと、編んでないために粘土同志がつきにくいので、完全に乾燥してから型を抜き取ります。

本体が軽やかなので、飾りの花と葉は、大き過ぎないように作り、手のつけ根にバランスよくつけましょう。

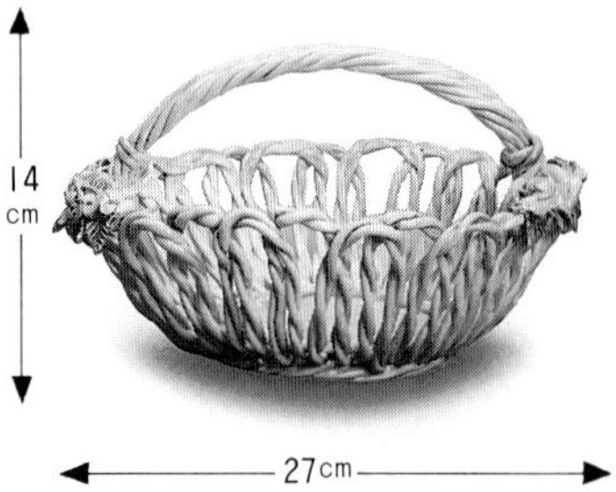

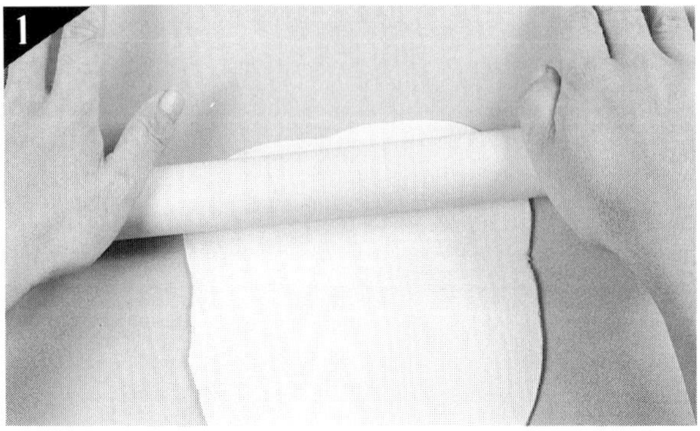

粘土を5ミリ厚さに伸ばして底面を作ります。

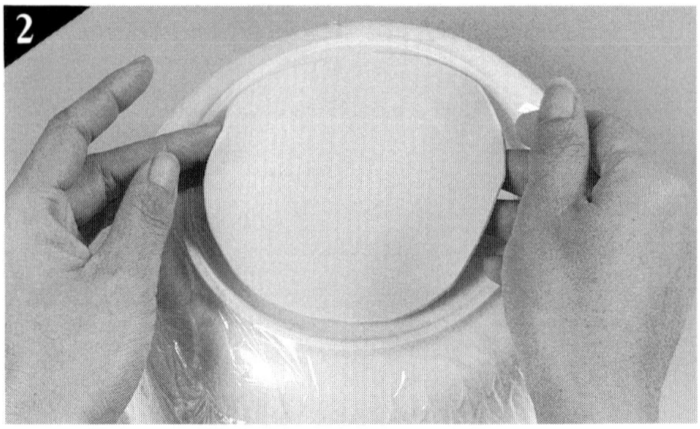

底面は直径13㎝位の円形に切り、ラップでくるんだ型(大鉢)の底中心にのせます。

直径５ミリで20㎝長さのロープを作り、２本を両手でねじります。

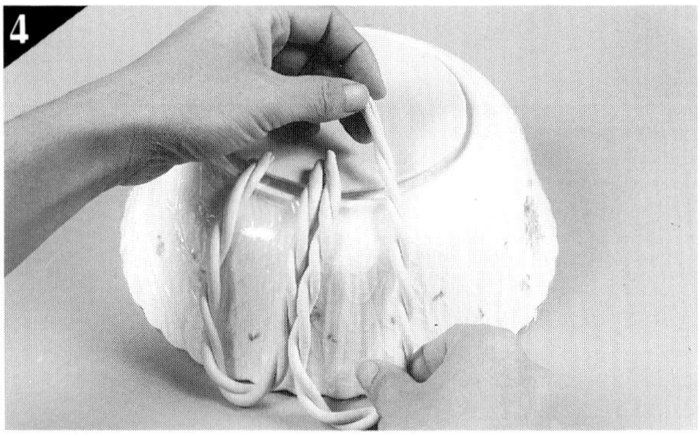

ねじりロープをＵ字形に曲げ、輪を下にして器回りにつけます。

２周めは、１周めの間にはいるようにずらせながら上に重ねていきます。

ロープは編んでいないので、全体を上から押さえてばらつかないように、しっかりとつけます。

底面をもう 1 枚作り、底中心にのせてつけます。

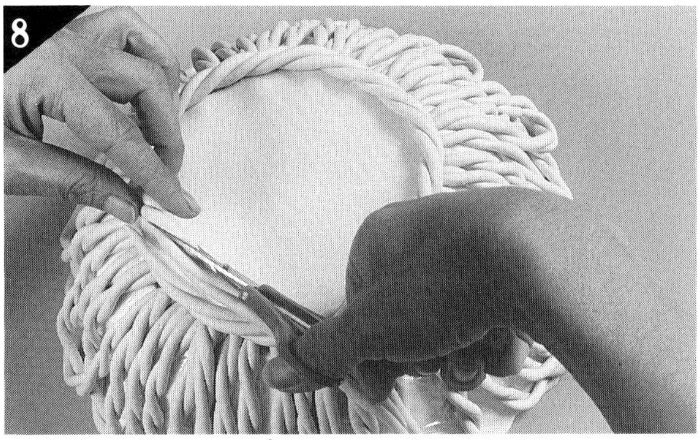

直径5ミリのロープ 2 本をねじり、底面回りにつけて押さえます。

全体がよくついているか確めてから乾燥させ、型を取りはずします。

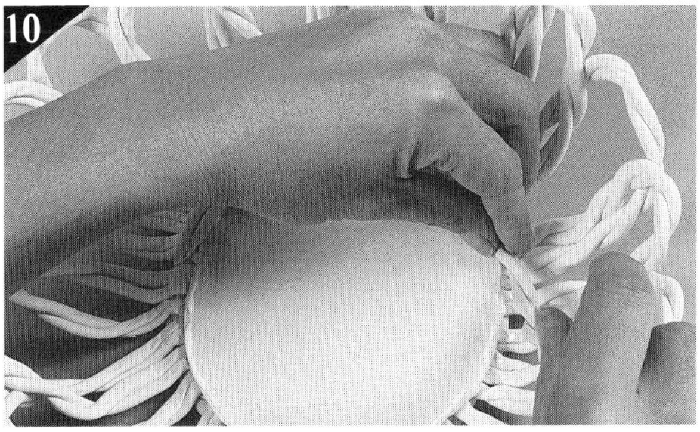

本体内側の底面回りに細くボンドをつけ、**8** と同じねじりロープをのせてつけます。

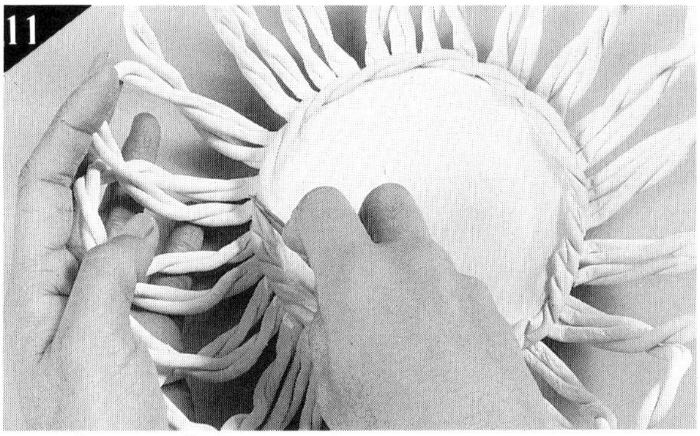

ねじりロープがよくなじむように、ハサミの先などで 2 ～ 3 cm間隔に押さえていきます。

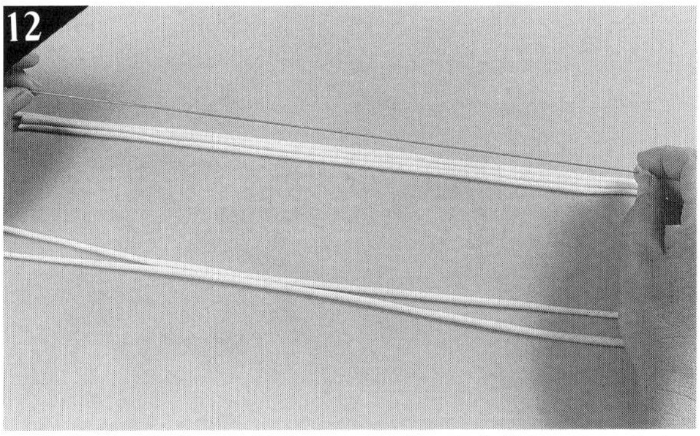

直径3ミリで45cm長さのロープ 5 本を作り、そのうちの 3 本を並べ、中心にワイヤーをのせます。

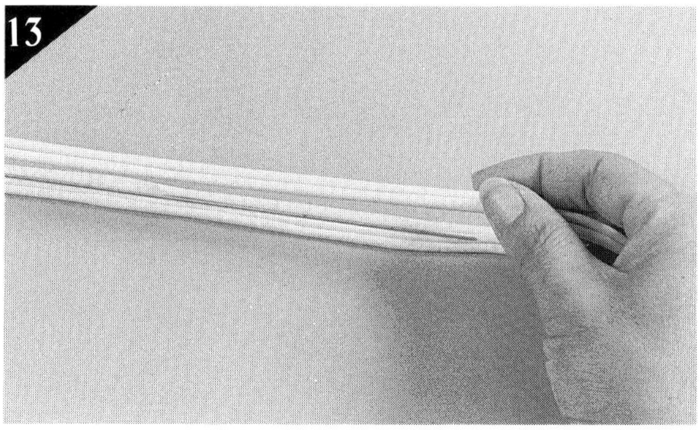

残り 2 本のロープを上にのせます。

ワイヤーをはさんだ 5 本のロープを一緒にして両手でねじります。同じものをもう 1 本作ります。

15

２本のねじりロープを一緒にして、手の形になるように曲げます。

16

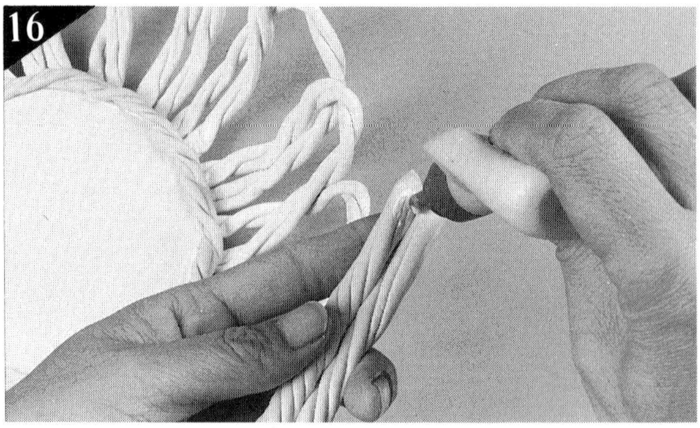

手の端にボンドをつけます。

17

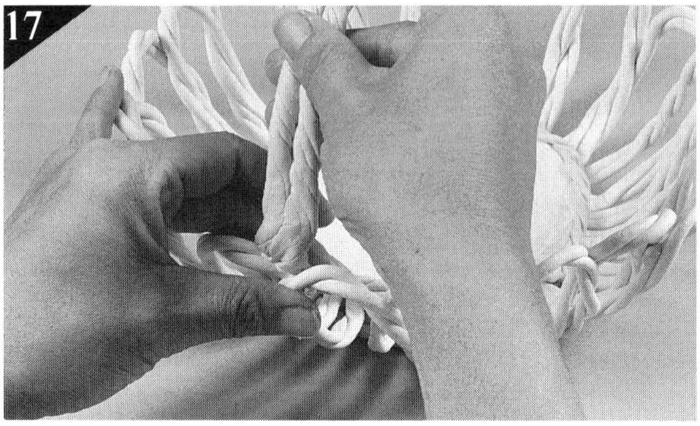

手の両端を本体の内側につけます。

18

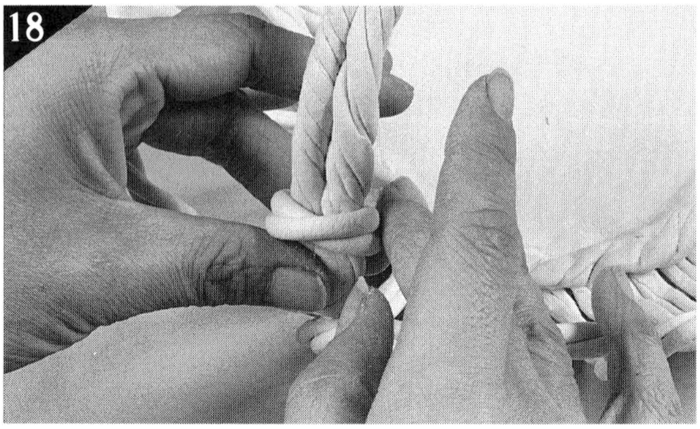

直径５ミリのロープ２本をねじり、飾りと補強のために手のつけ根に巻きつけます。

19

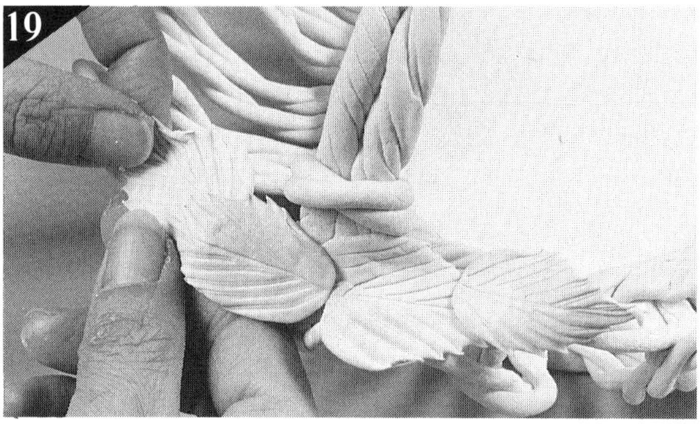

手のつけ根から縁回りにかけて葉(44ページ参照)を７枚つけます。

20

バラの花(44ページ参照)は大小取り混ぜて７～８輪作り、大きいバラは手つけ位置につけます。

21

小さいバラや、小花(65ページを参照)４～５輪をバランスよくつけます。

22

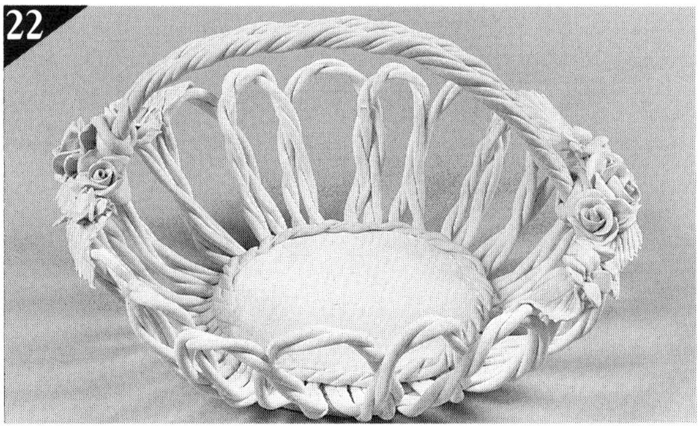

片側の手つけ側にも同じように葉と花を飾り、乾燥させます。口絵ページの配色で着色します。

ティッシュボックス 口絵10ページ

●材料

粘土1½個。木工用ボンド。ティッシュボックス。厚紙(ボール紙)。ラップ。

●作り方のポイント

ティッシュボックスの形なりに細いロープをメッシュ風に重ねてつけた簡単なテクニックですが、編んでないためと、ロープが沢山必要なために、粘土が乾き気味になりがちです。ロープは手早く伸ばしながら操作しましょう。そして完全に乾いてから型をはずして着色します。

彩色は、優しい色で——。

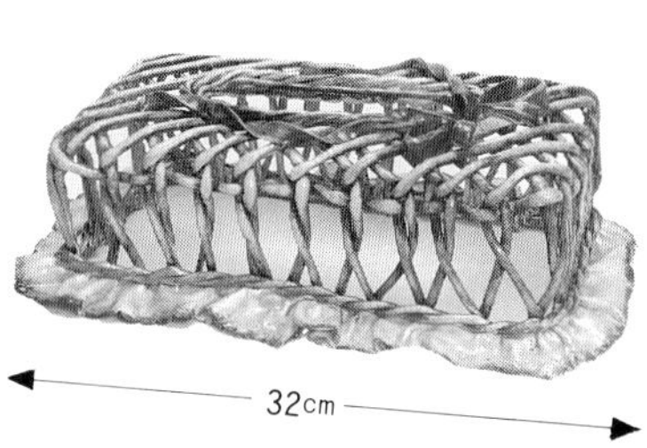

ティッシュペーパーの箱に厚紙を巻いてゆとりを作り、その上をラップでくるみます(型作り)。

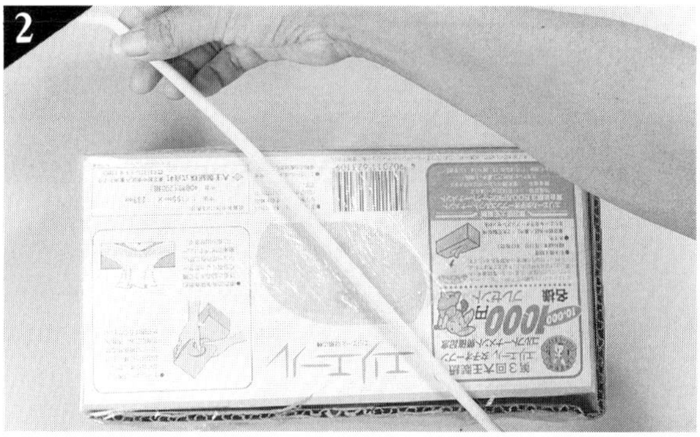

直径5ミリのロープを作り、型の上に斜めに置き、端を側面にたらし、縦芯にします。

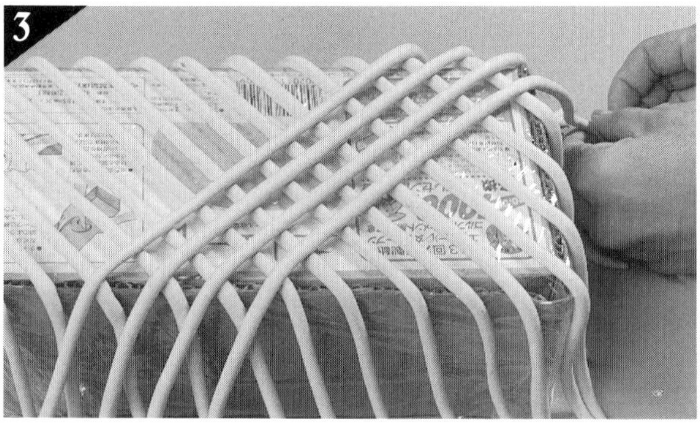

等間隔に14本のせ、その上にメッシュになるように逆の斜めに14本のロープをのせてつけます。

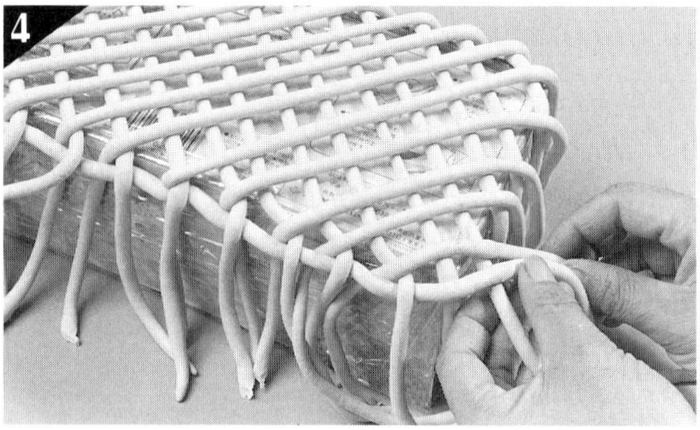

側面は同じロープで、縦芯を1本おきにすくって一回りします。

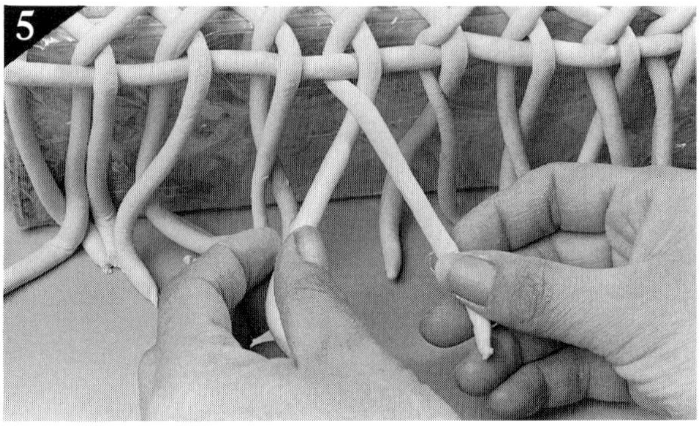

縦芯は2本ずつを交差させます。

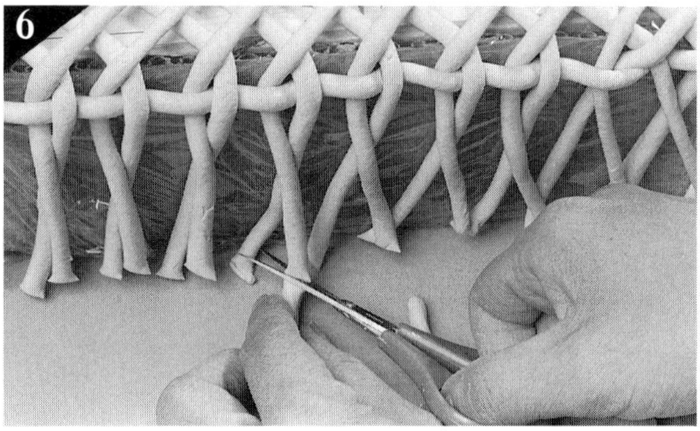

型の深さに合わせて余分のロープを切り落とします。

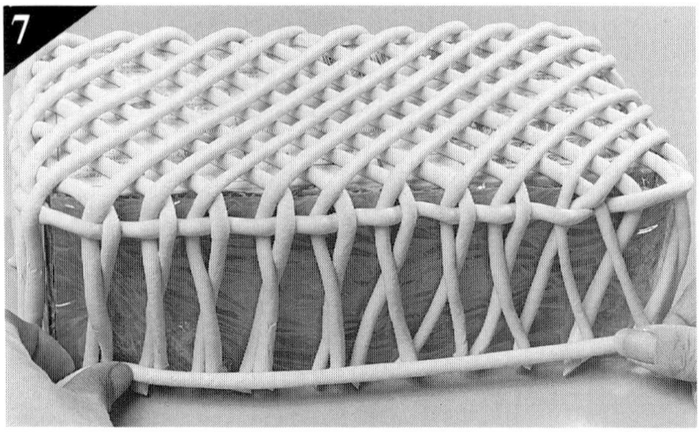

直径5ミリのロープを作り、切り口の上に一回りさせてつけます。

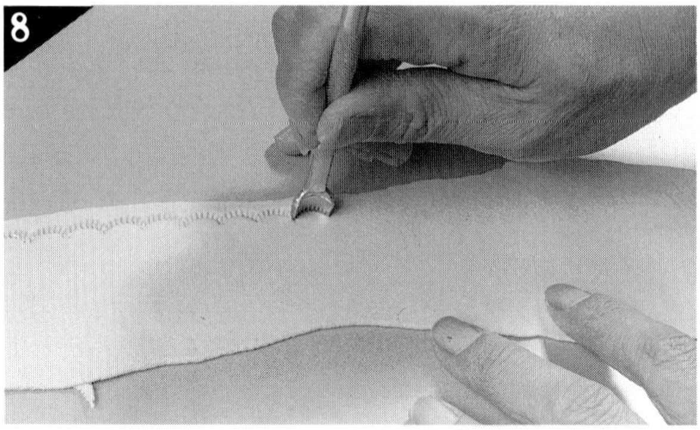

粘土を3ミリ厚さで 5 cm幅のテープ状に伸ばし、レース押型で端をカットします。

つま楊子10本位を束にして持ち、レース面にポツポツと押して、レース模様をつけます。

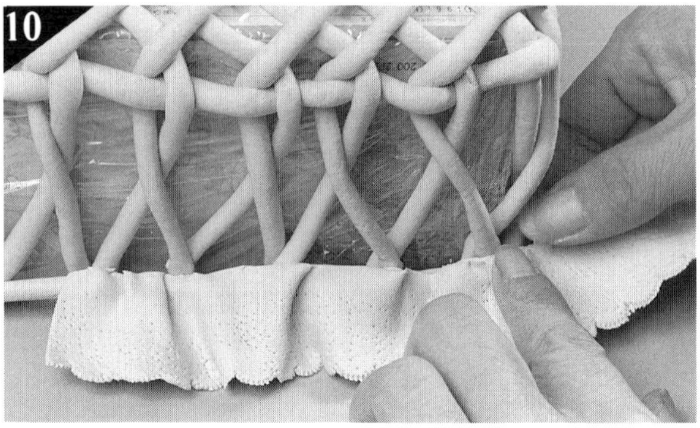

レースを 3 cm幅にカットし、ギャザーを寄せながら**7**のロープの上につけます。

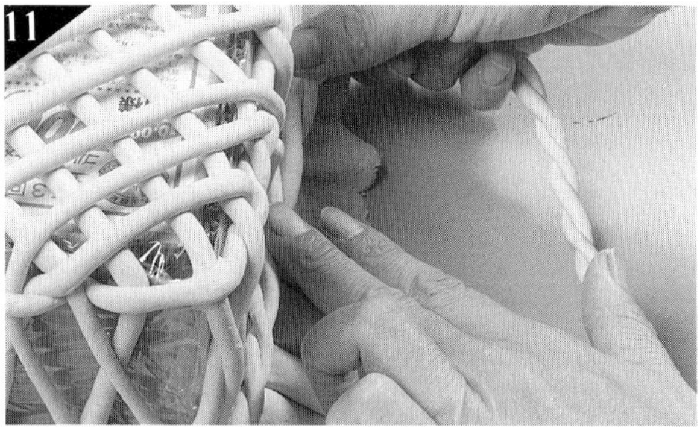

直径5ミリのロープ 2 本をねじり合わせ、レースつけ位置の上にのせて 1 周します。

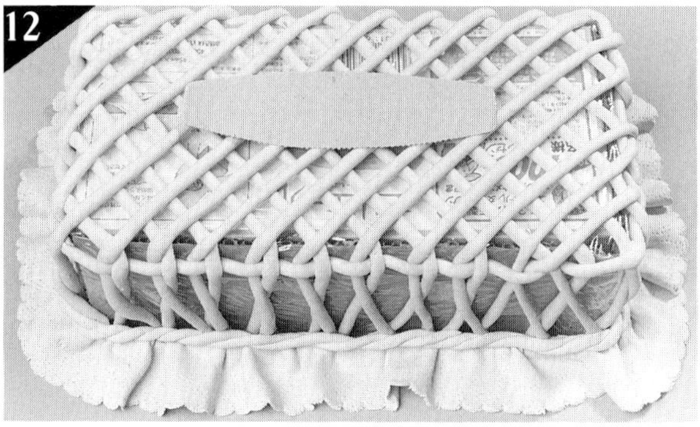

本体中央にティッシュペーパー箱の取り出し口の型紙をのせます。

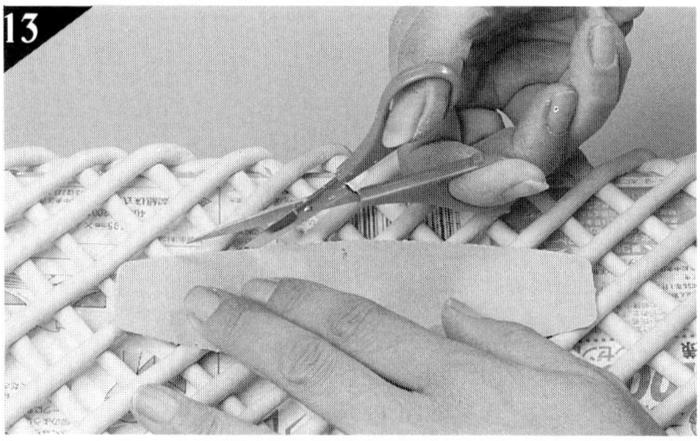

型紙どおりにハサミでカットします。

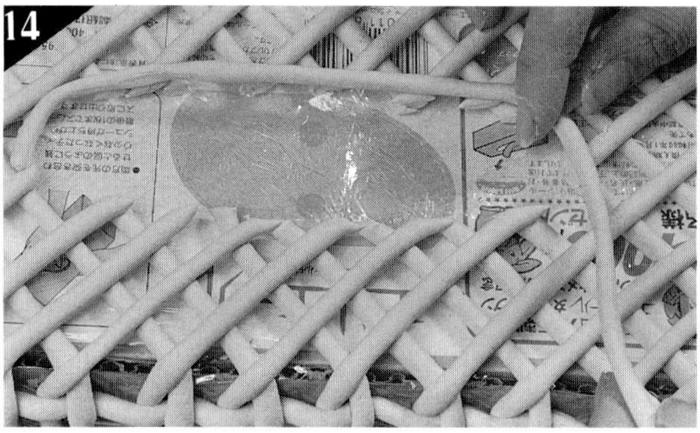

直径5ミリのロープを取り出し口回りにつけます。

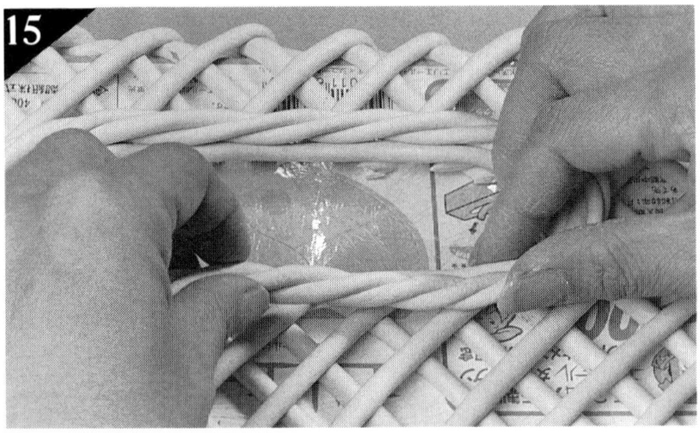

直径5ミリのロープ２本をねじり、**14**のロープに添わせてつけます。

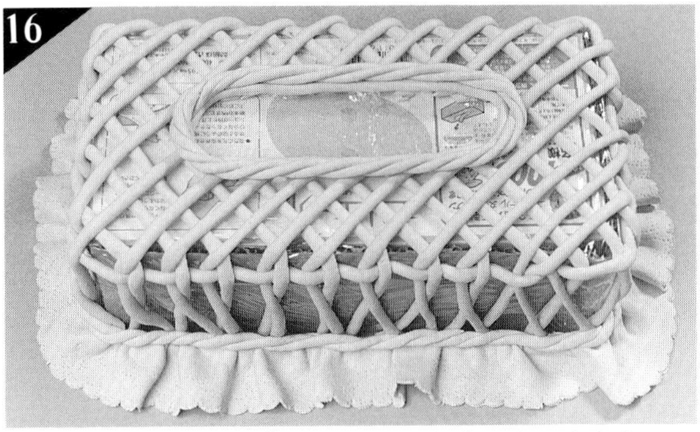

全体の形を整えながら、粘土同志がよくつくように押さえます。

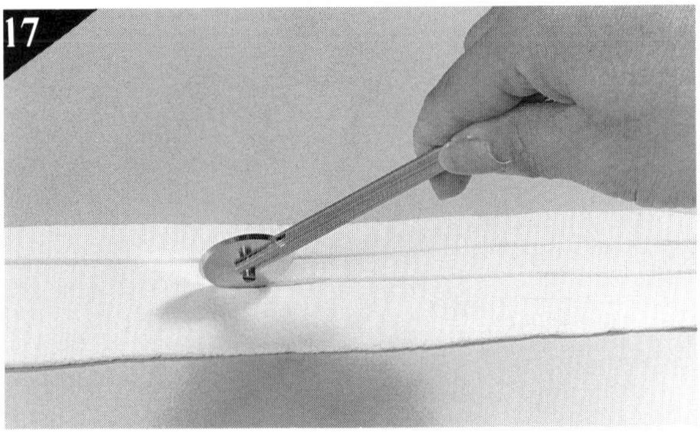

リボンは2ミリ厚さのテープ状に伸ばしたものを、1cm幅に切ります。

リボンの結び部分は10cmを輪にし、結び目側を一緒につまみます。

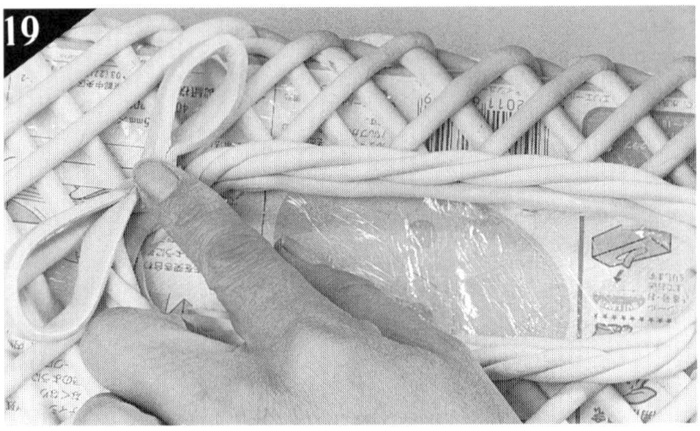

取り出し口端にリボンの結び分をボンドでつけます。

リボンのたれは15cmに切り、軽くねじって表情を出してつけます。

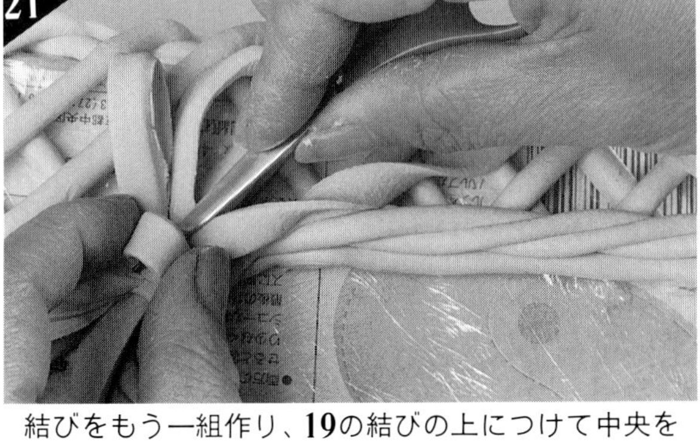

結びをもう一組作り、**19**の結びの上につけて中央を結び目で巻いて二重結びに作ります。

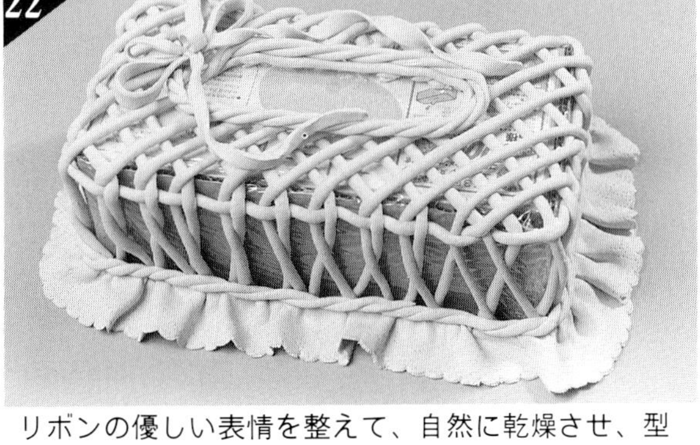

リボンの優しい表情を整えて、自然に乾燥させ、型からはずして着色します。

マリオネット 口絵21ページ

●材料

粘土１個。つま楊子１本。銀ラメレース布地。縁レース。リリアン(銀色)。アクセサリー用９ピン８個と丸カン４個。木工用ボンド。

●作り方のポイント

手足が自由に動く人形です。全体のバランスは頭１、胴３、足５の割合です。手足を曲げたりして表情を作ります。

顔は細かい細工ですから細工棒、針、爪を使って仕上げます。

ここでは透けたレース布地に同色の髪で、ちょっぴりセクシーな人形にまとめました。

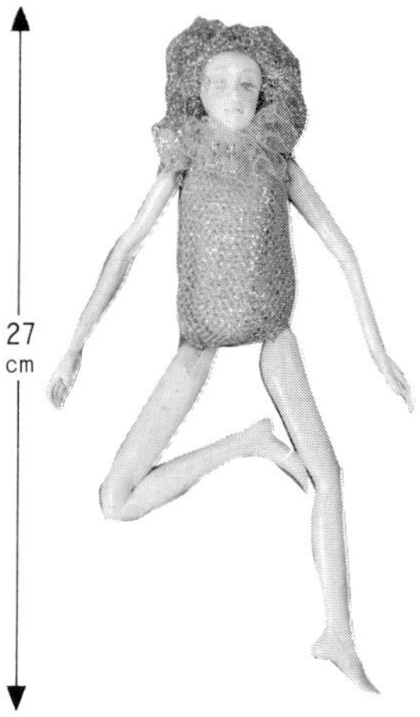

直径３cmの粘土を卵形に丸めて頭を作ります。

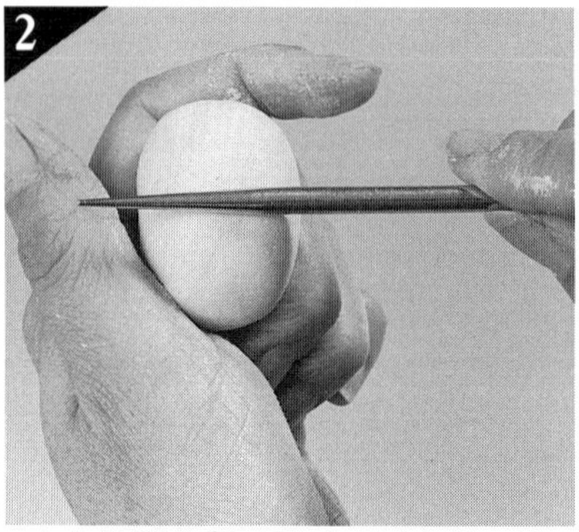

中心位置を細工棒でくぼませ、目の位置を決めます。

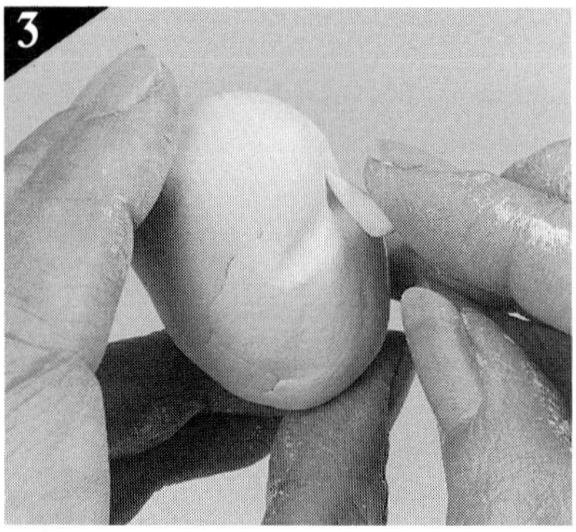

鼻は小さな三角形に作って、くぼみから下の中央にのせます。

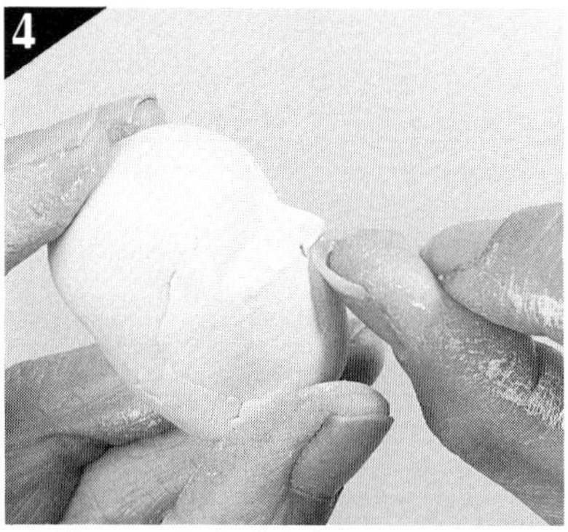

親指のつめ先で鼻を形よく同化させます。

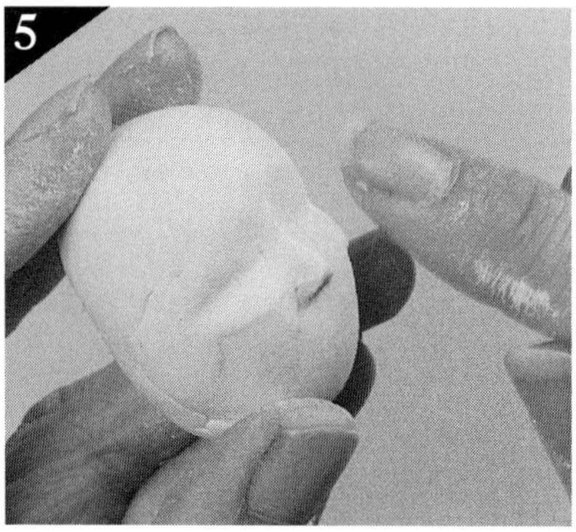

指先で、まゆの位置を決め、目のくぼみを、なだらかに作ります。

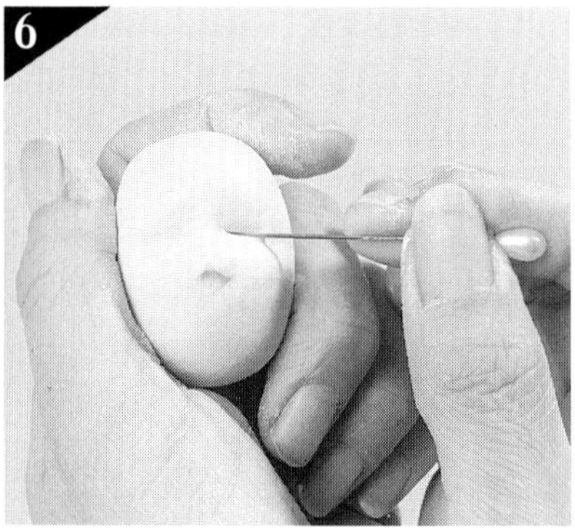

針先で、目位置に横に切込みを入れます。左右を同じ位置にします。

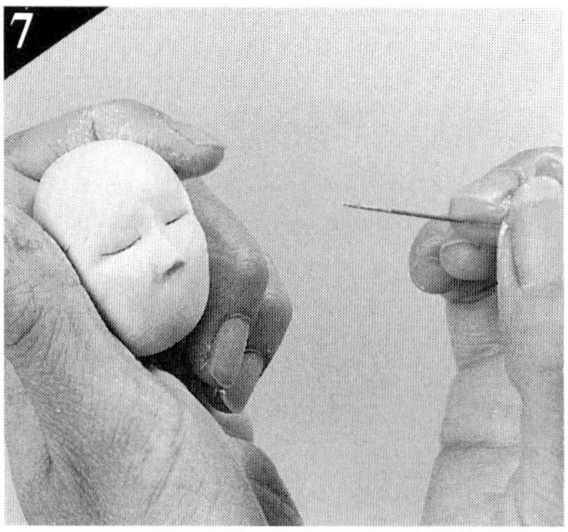

切込みを、針先で少し太めに開けます。

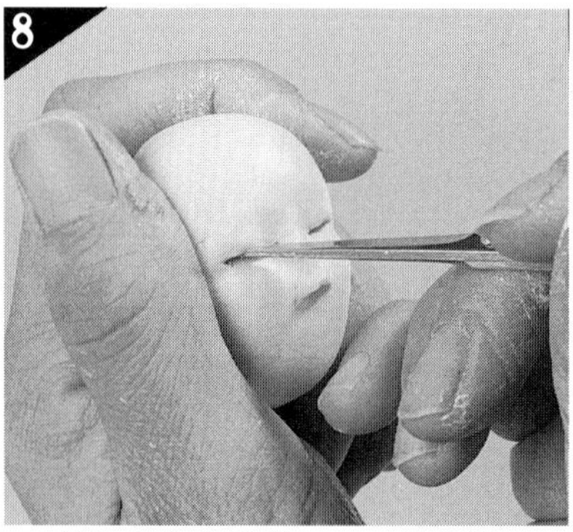

ハサミの先を利用して、目を好みの大きさに開けます。

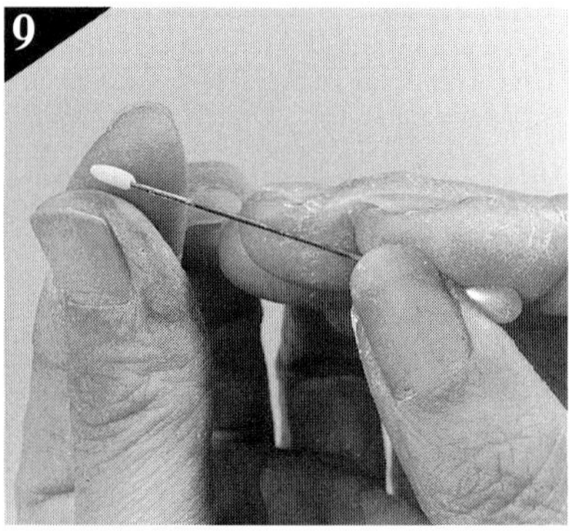

米粒大の粘土で目玉を作ります。

10

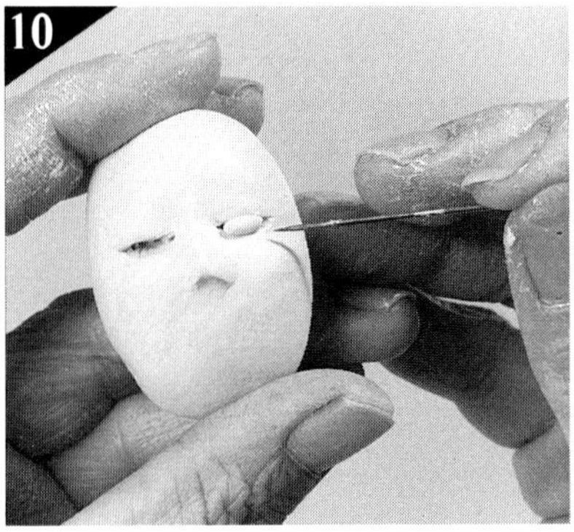

開いた目の中に目玉を入れます。

11

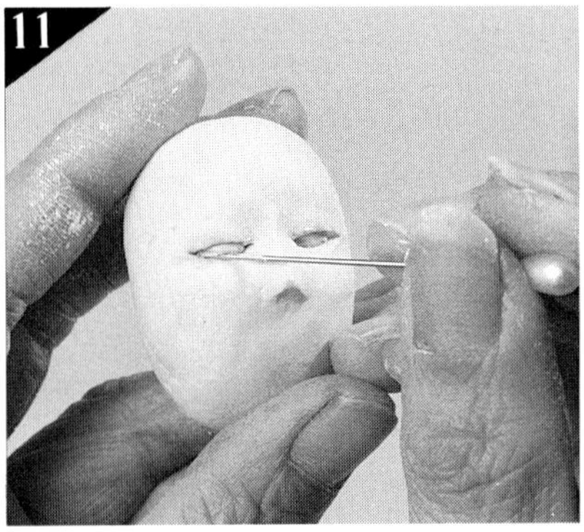

同じ大きさの目玉を左右均等の位置に入れて、形を整えます。

12

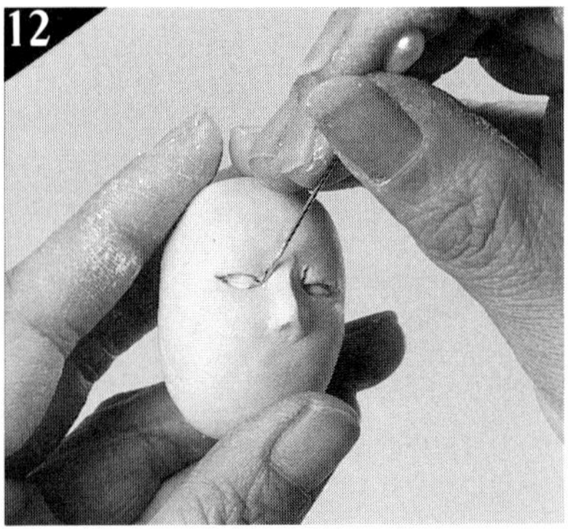

目頭を針先で縦に押さえて筋を入れ、奥深い目の感じにします。

13

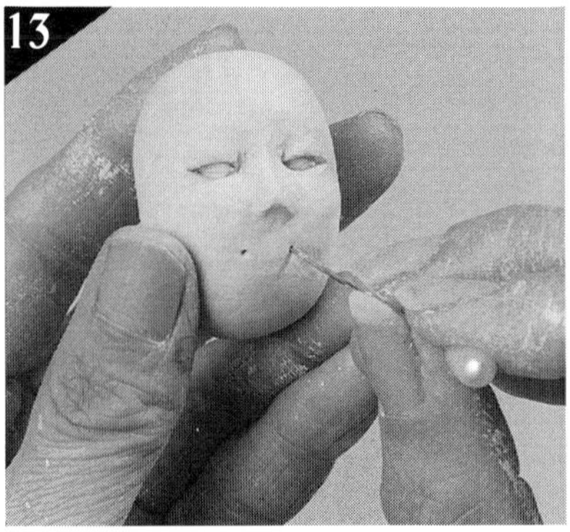

口は、口幅位置に針先で穴を開けます。

14

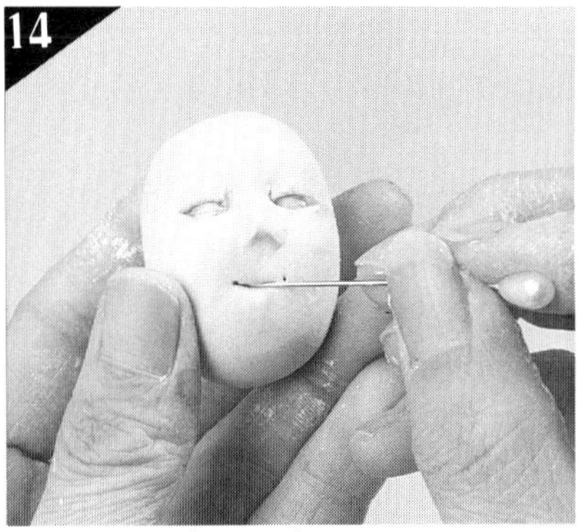

左右の穴がつながるように、針先で深い切込みを入れます。

15

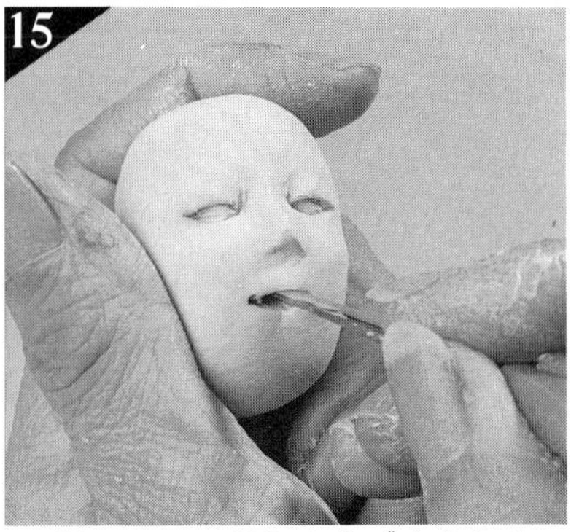

切込みは、ハサミの先でさらに大きく開けます。

16

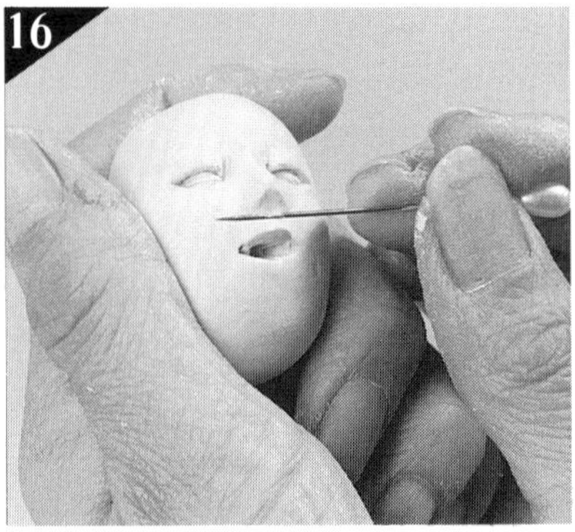

口の上側を内側から少しめくるようにして上くちびるを作ります。

17

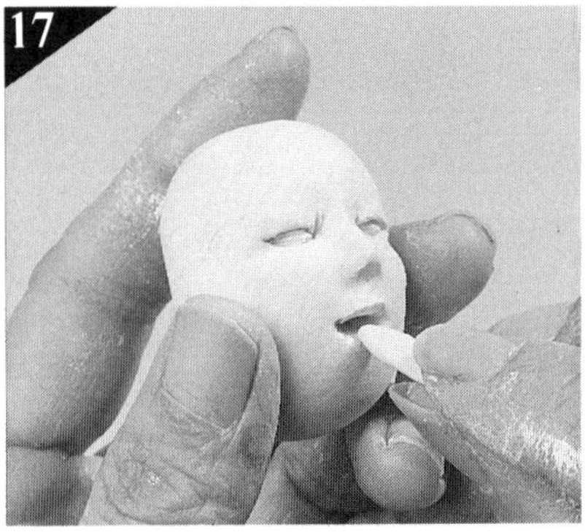

舌状に形作った粘土の先を口の穴に差し入れます。

18

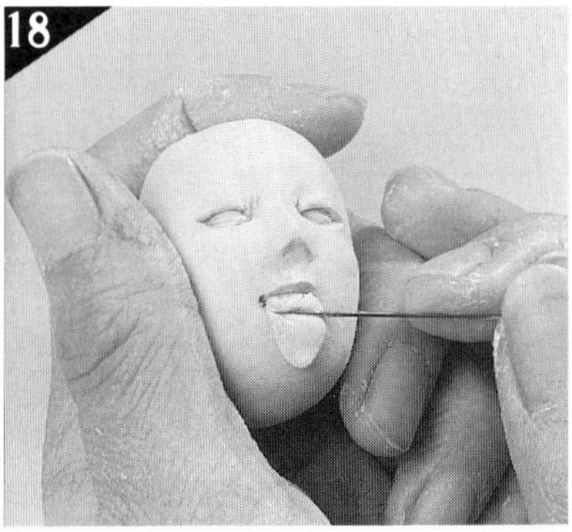

舌状のもので下くちびるを形作り、余りは同化させます。

19

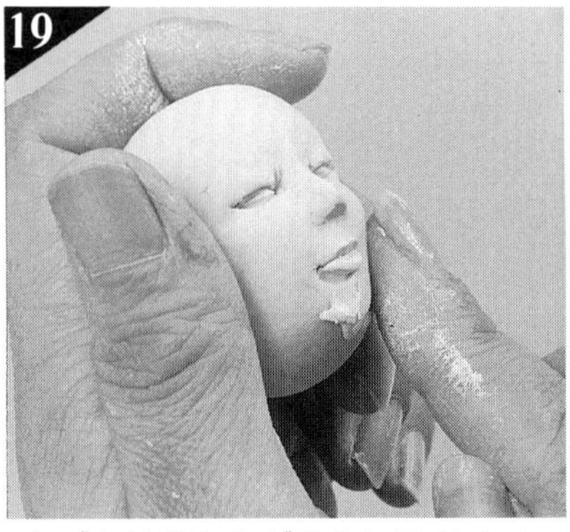

あごの輪郭をなだらかに取ります。

20

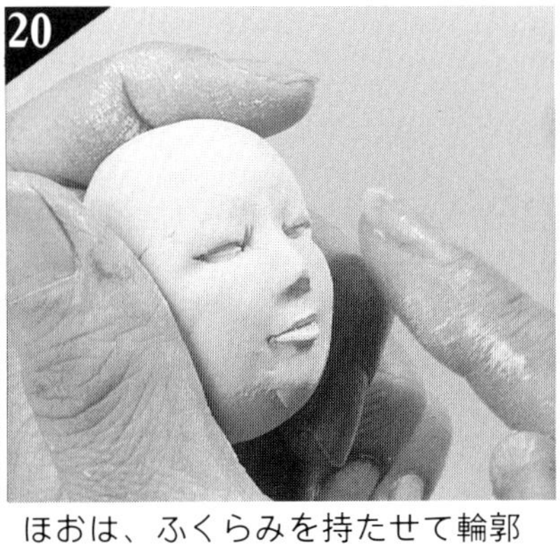

ほおは、ふくらみを持たせて輪郭を取ります。

21

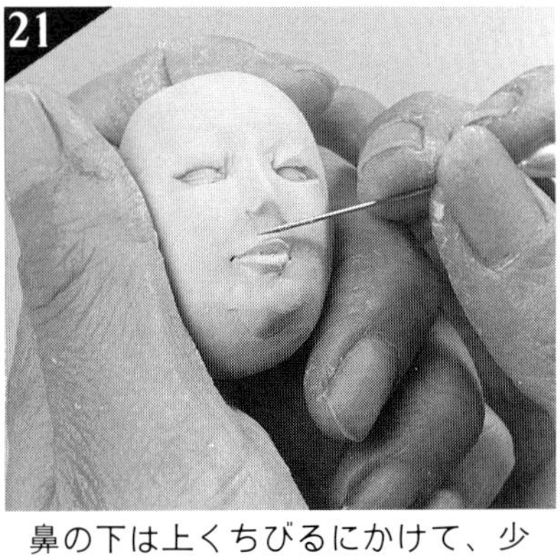

鼻の下は上くちびるにかけて、少しくぼませて形作ります。

22

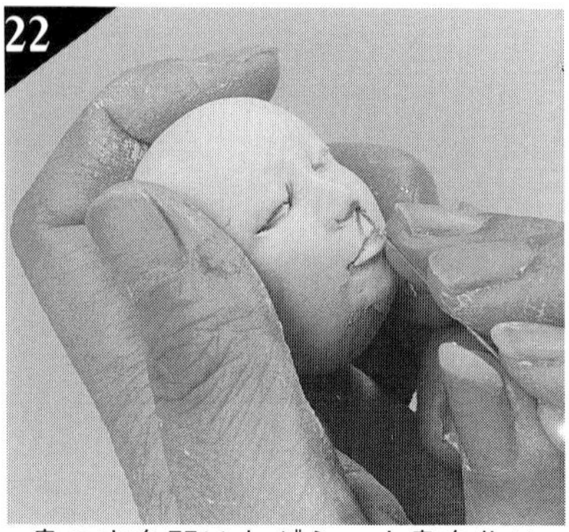

鼻の穴を開けながら、小鼻を作り出します。

23

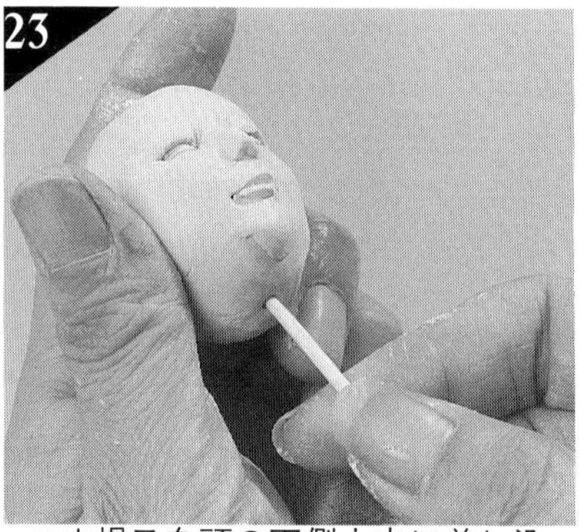

つま楊子を頭の下側中央に差し込みます。

24

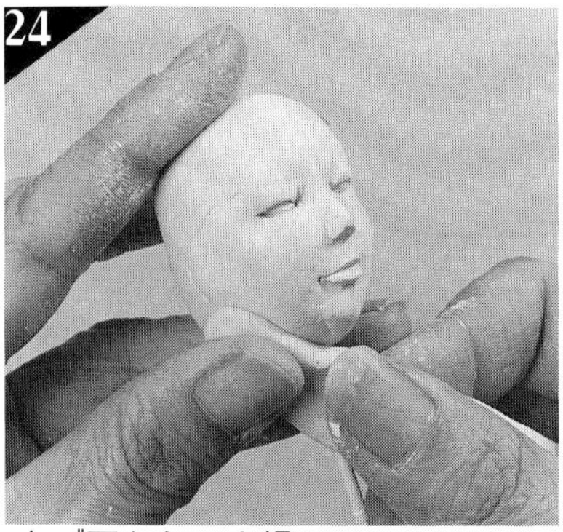

あご下からつま楊子にかけて粘土を巻きつけます。

25

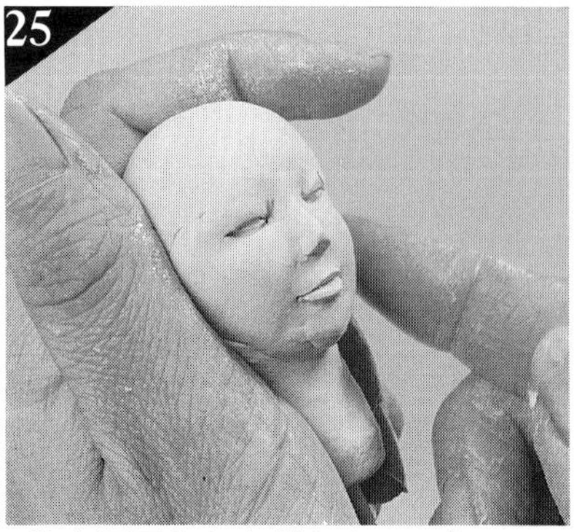

首を耳下からなだらかに同化させます。

26

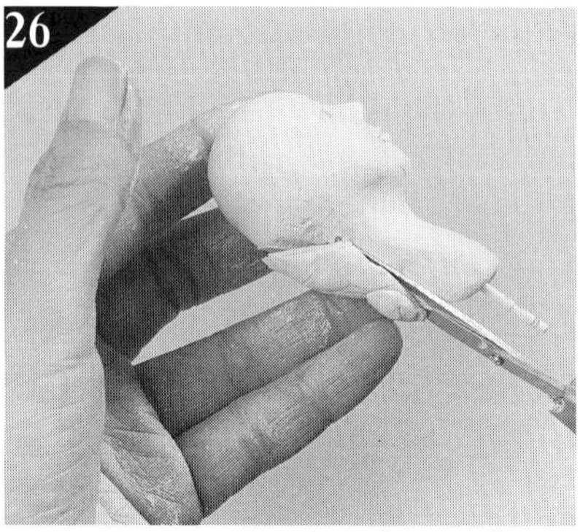

首の後ろから後頭部下をくの字状に切り取り、指先でならします。

27

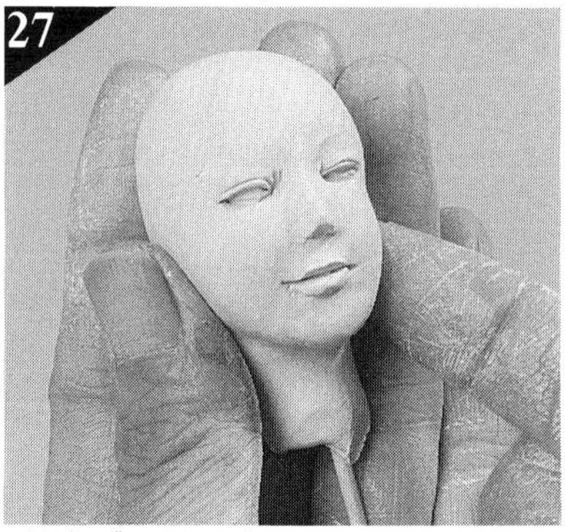

針先で、目、鼻、口の表情をつけ、全体を整えて頭全体を仕上げます。

28

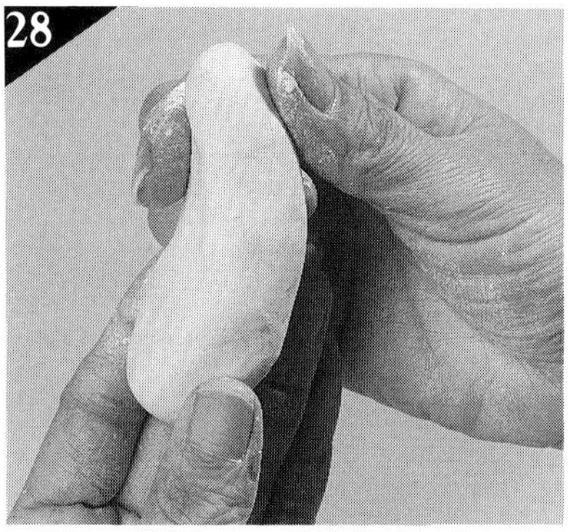

胴は、直径 3 cmで長さ10cm位のなまこ形に作り、少し反らせます。

29

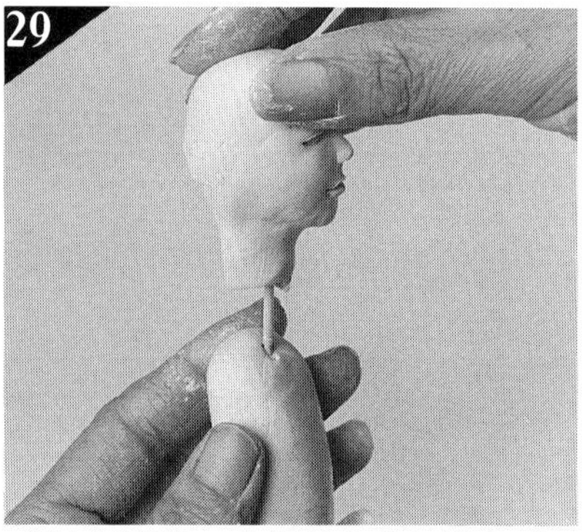

胴上に頭のつま楊枝を差し込んでつなげます。

30

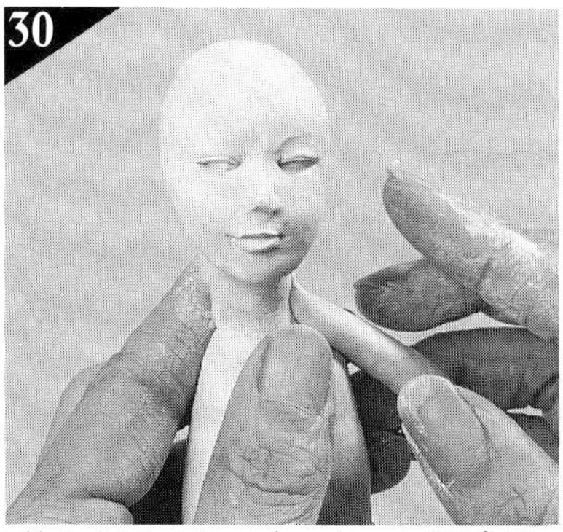

首から肩に粘土をつけ、肩幅を出します。

31

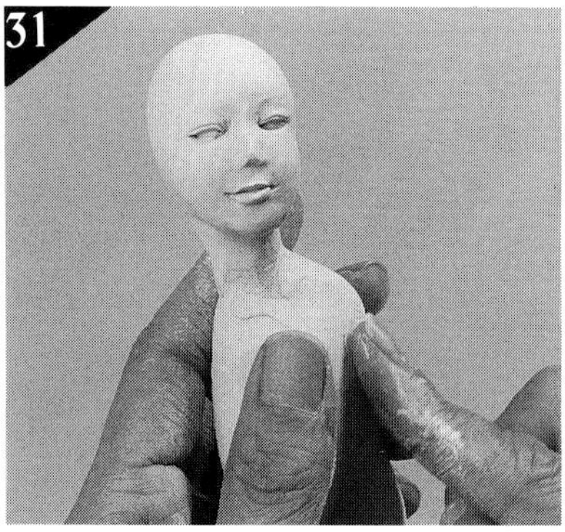

首から肩の線をなめらかに同化させて作ります。

32

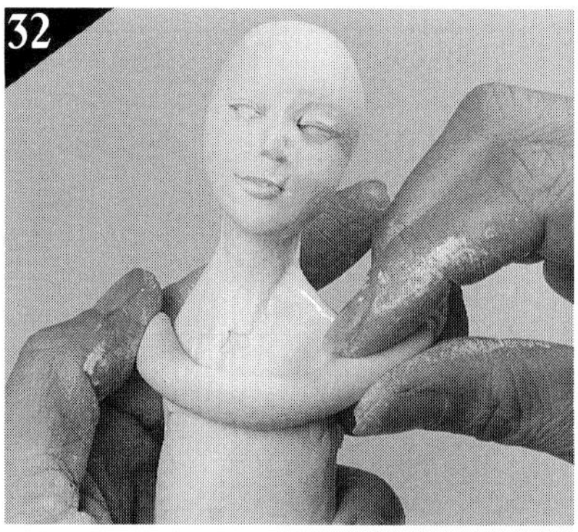

直径 1 cm位のロープを作り、胸の上側にのせます。

33

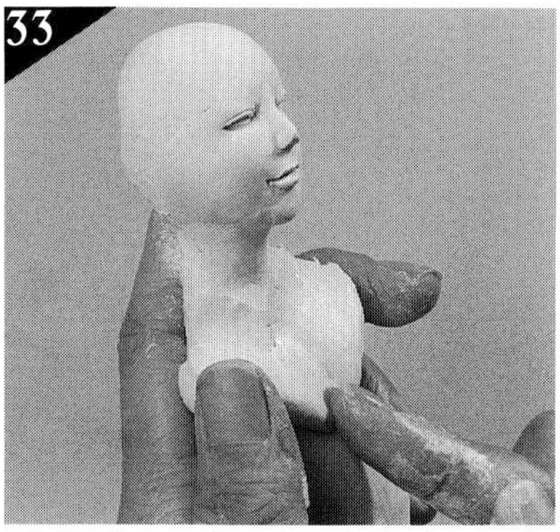

指先でロープの境目を伸ばしながら胸を作ります。

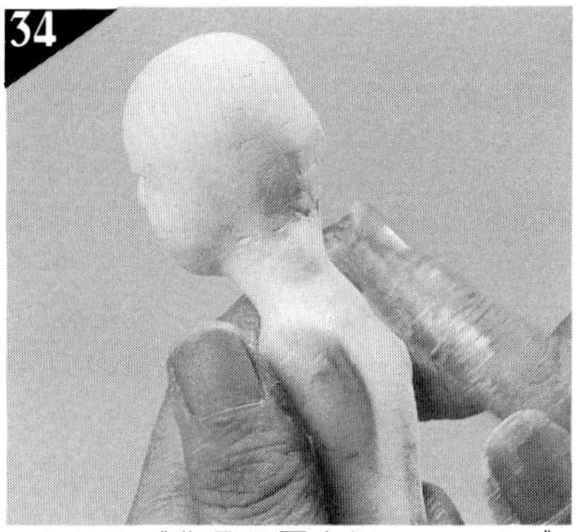

人差指で背骨位置を押して、くぼませせます。

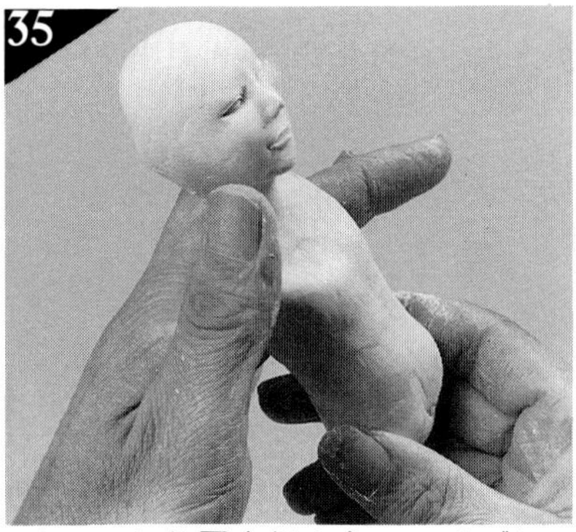

ウエスト位置を押さえて、くびれを入れます。

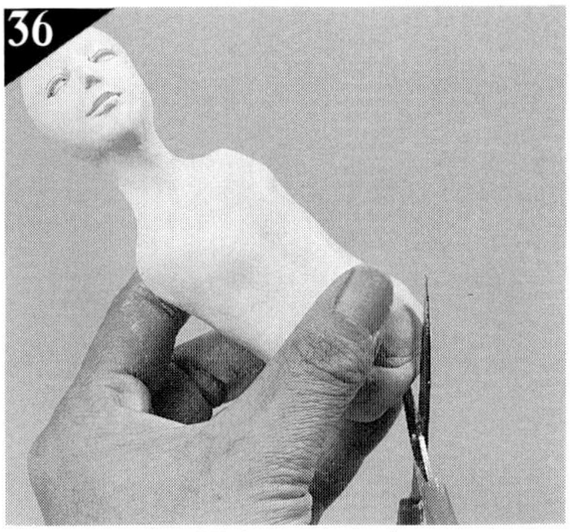

足のつけ位置をハサミで斜めに切り取ります。

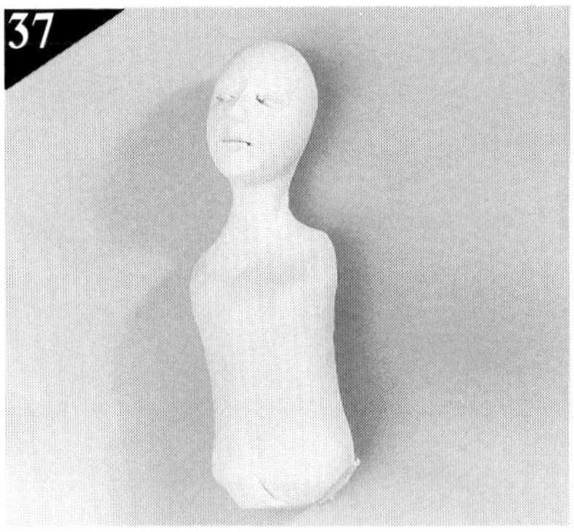

座りをよくし、全体を整えて胴を仕上げます。

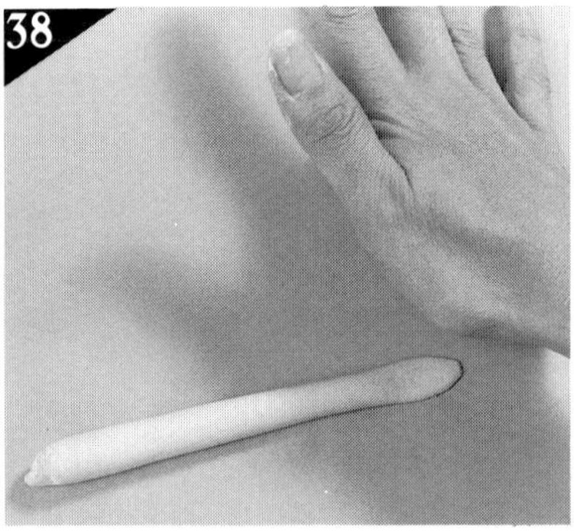

手を作ります。直径１cmのロープ12cmの先に自然に細く伸ばします。

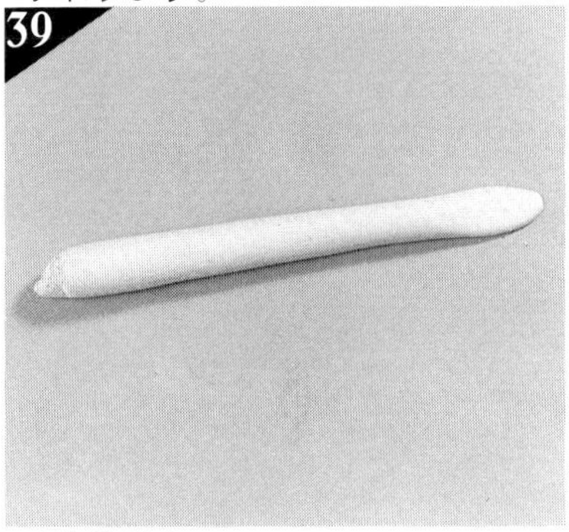

手首位置を決め、そこから先を軽くつぶします(手先部分)。

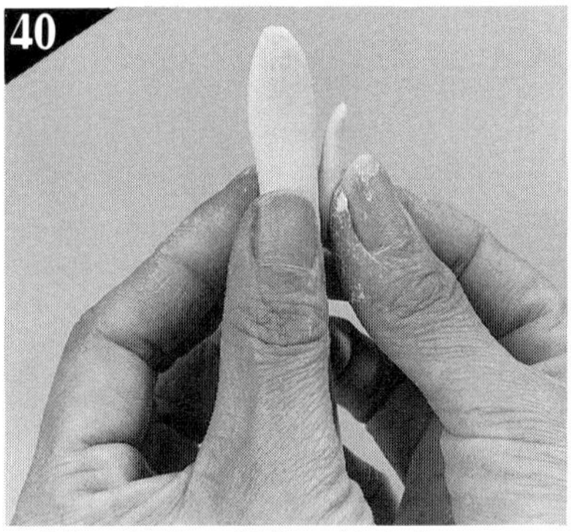

手先のわきに親指の粘土をつけて同化させます(左右対称)。

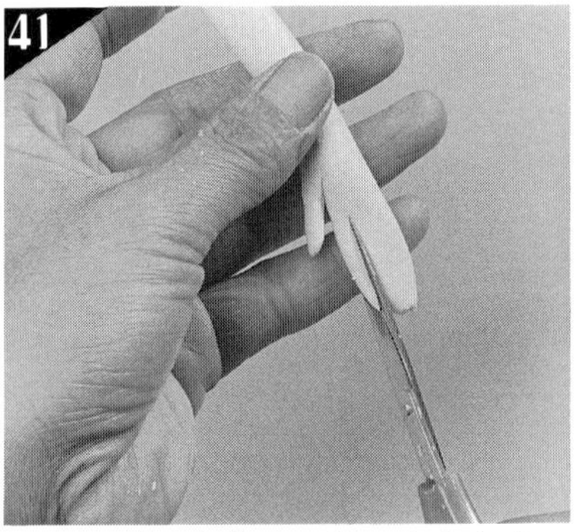

ハサミで４本指の切込みを入れます。

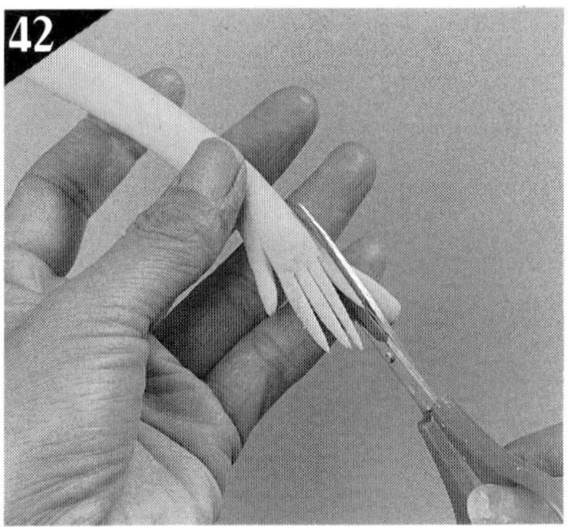

小指は少し丈を短く、先が細くなるようにカットします。

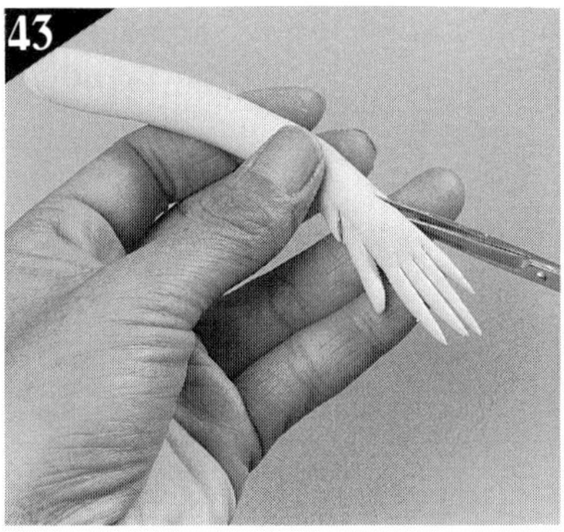

指先側から手首のくびれに向けて切込みを入れます。

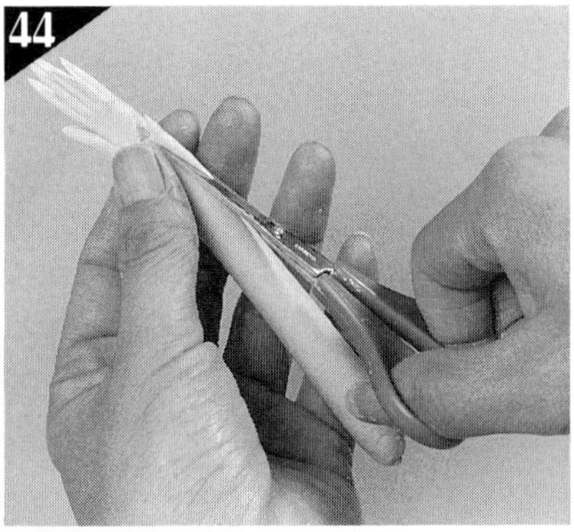

腕側から手首に向けて切込みを入れ、手首の幅を整えます。

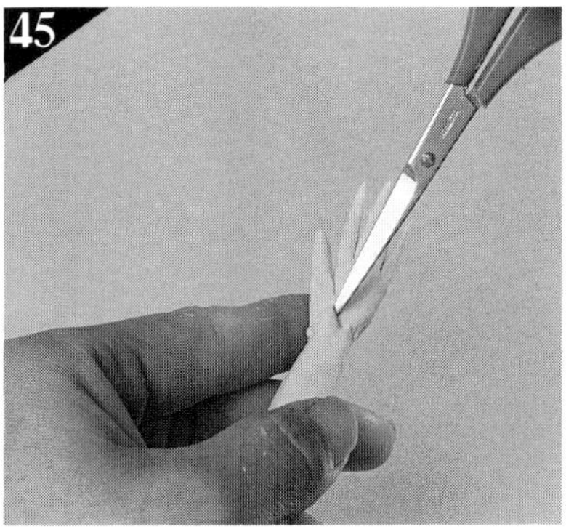

手のひら側から手首に向けて切込み、手のひらのふくらみを出します。

46

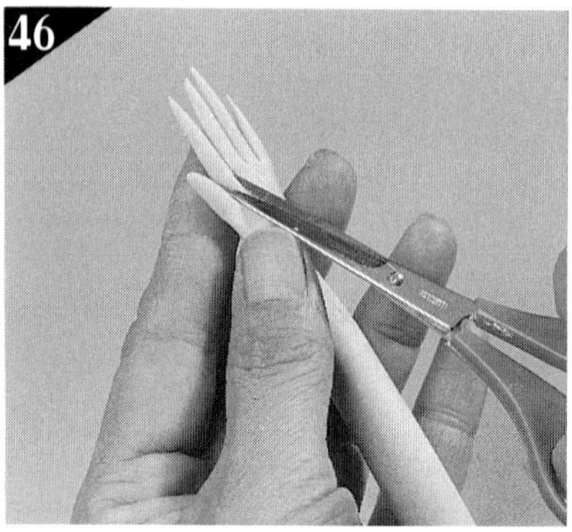

各指のつけ根もハサミで押さえて、くびれをつけます。

47

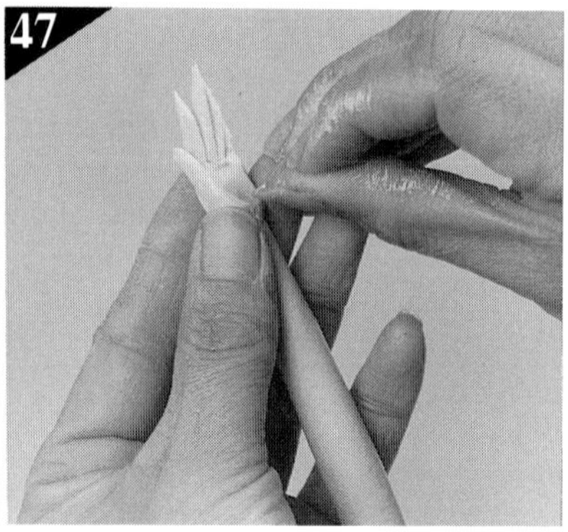

つめ先で手のひら中央のくぼみを作ります。

48

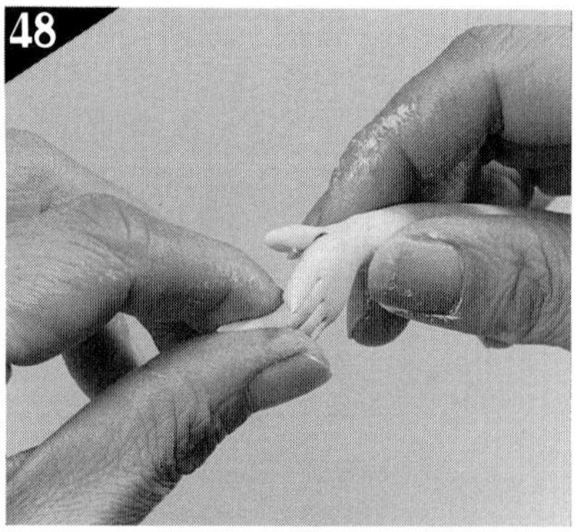

指先を曲げて、表情を出します。

49

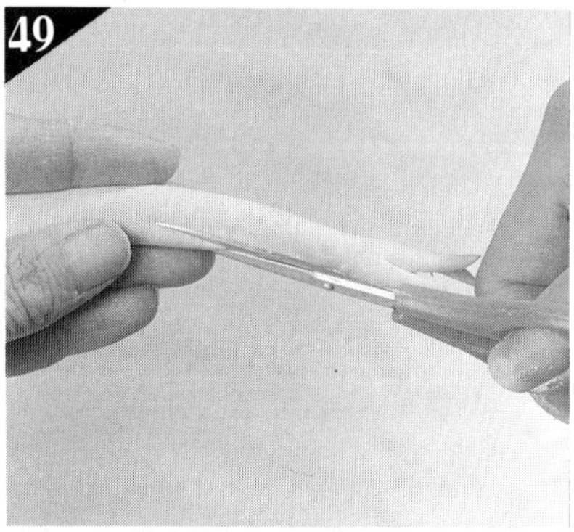

腕の関節位置に、手首側から切込みを入れます。

50

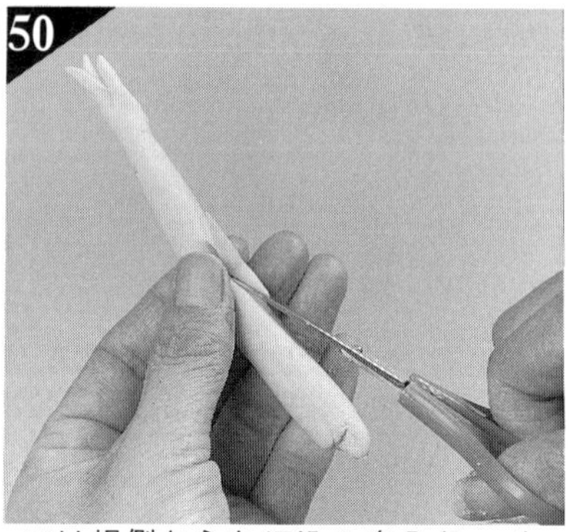

つけ根側からも切込みを入れ、くの字形の余分を切り取ります。

51

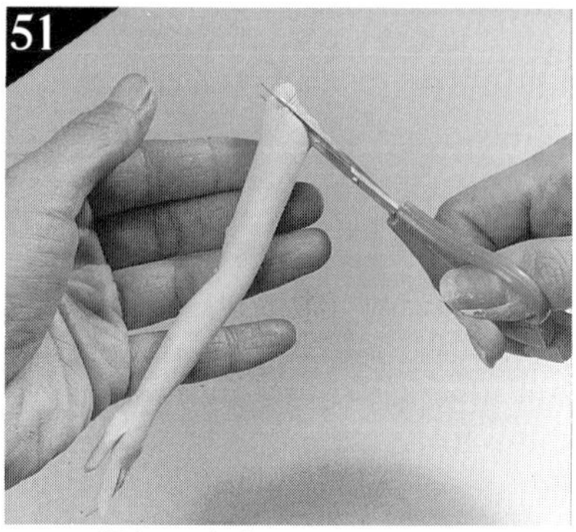

つけ根部分を丸く形作り、なめらかにします。

52

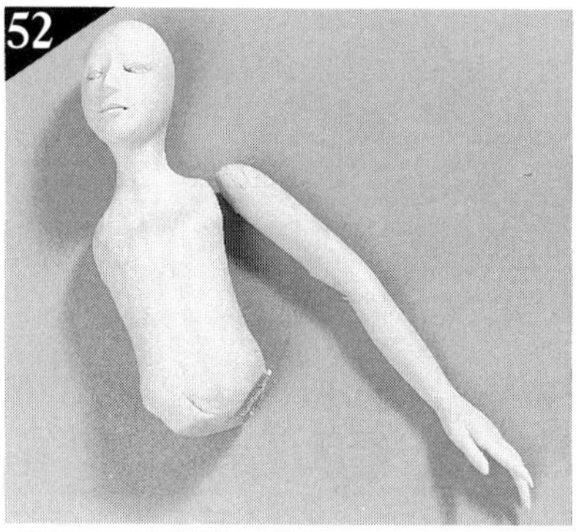

胴のつけ位置に合わせてみて、胴と手の長さのバランスをみます。

53

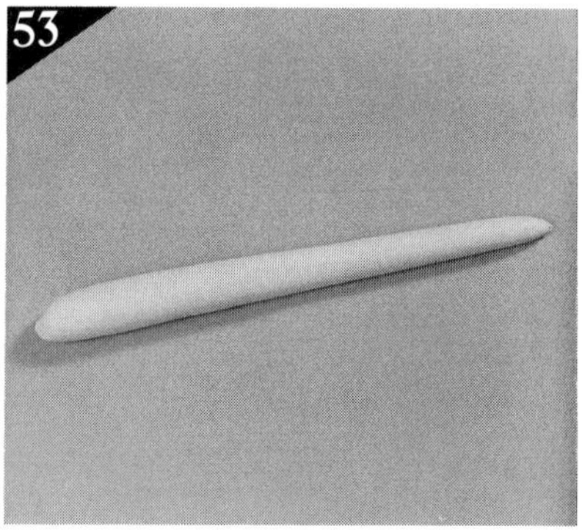

足を作ります。直径2.5cmで約15cmのロープを作り、先を細くします。

54

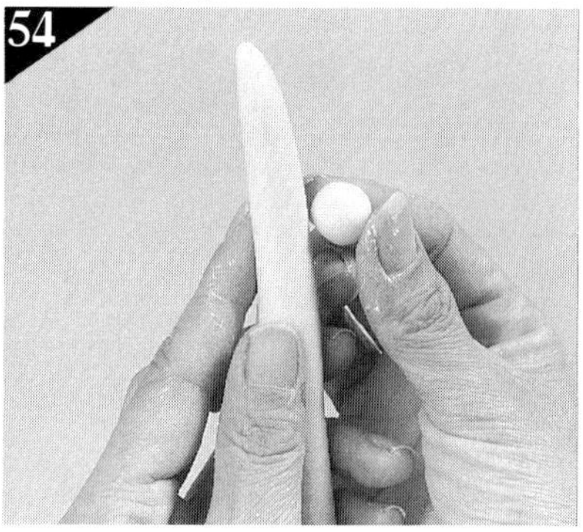

アーモンド大の粘土を丸め、かかと位置につけます。

55

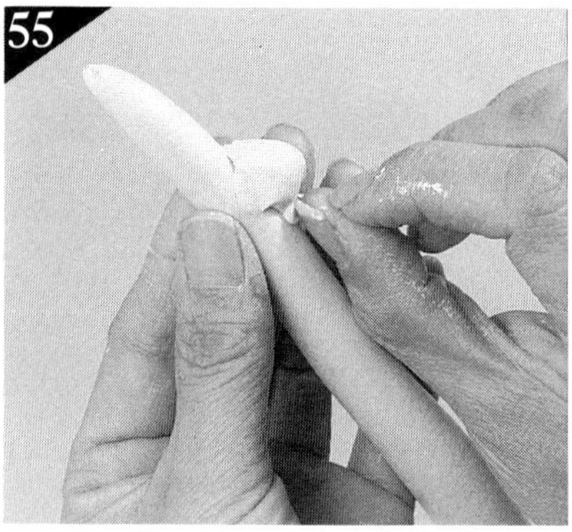

かかと分の粘土の境目を伸ばして形づけ、同化させます。

56

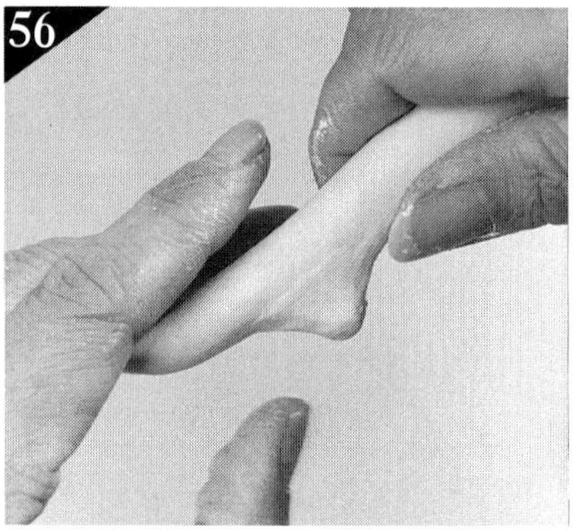

足首は細めにくびれさせながら形をつけます。

57

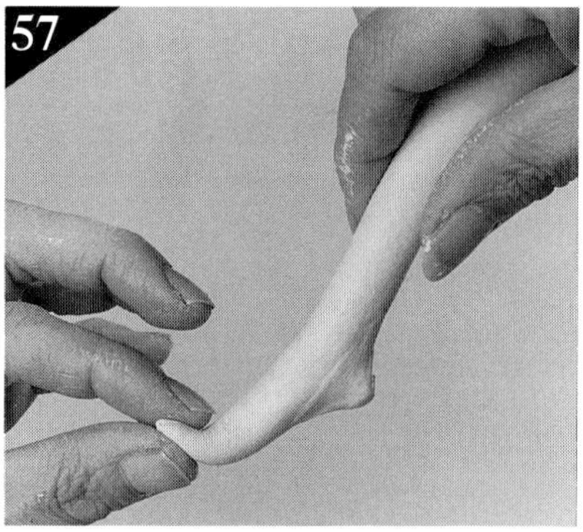

つま先は少し反り返して表情を出します。

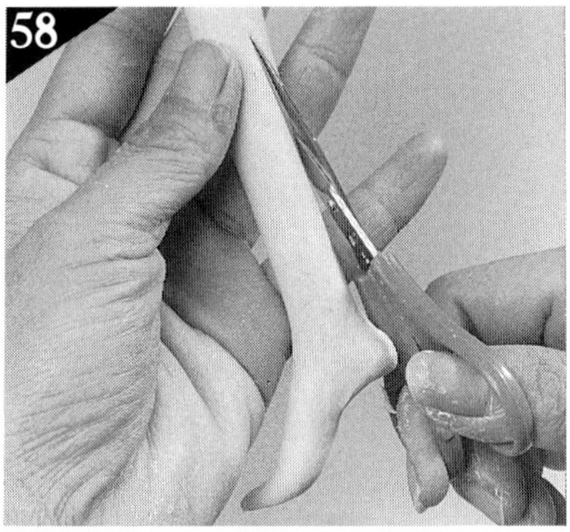

ひざ関節の後ろ位置に切込みを入れます。

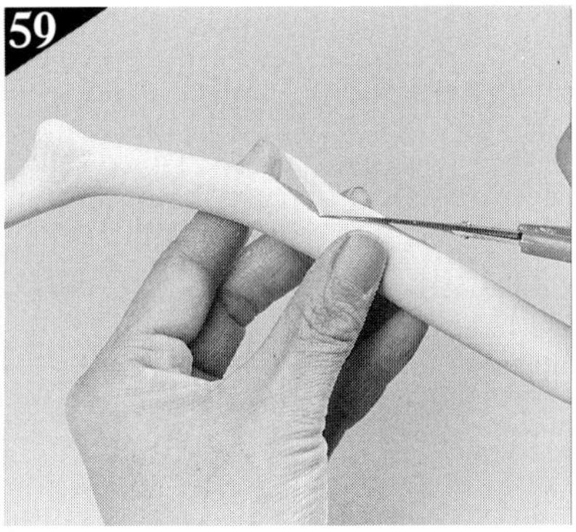

上下からくの字形の切込みで余分を切り落とします。

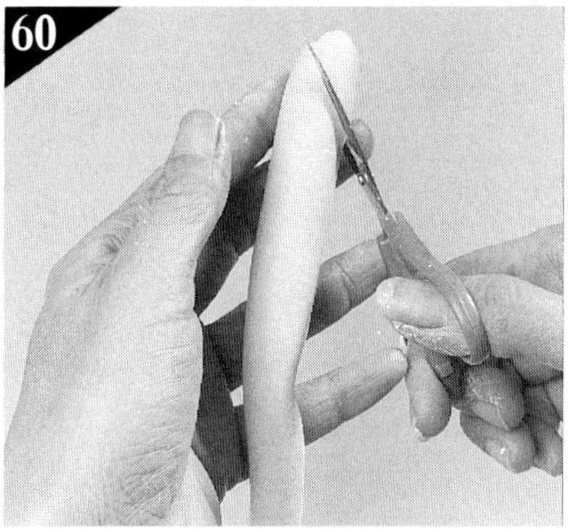

つけ根を、胴体のつけ位置に合うように斜めにカットします。

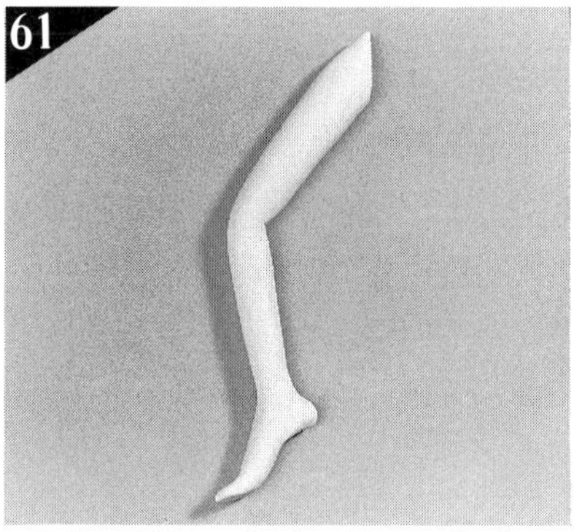

左右の足は、伸ばしたり、曲げたりして別々に表情をつけます。

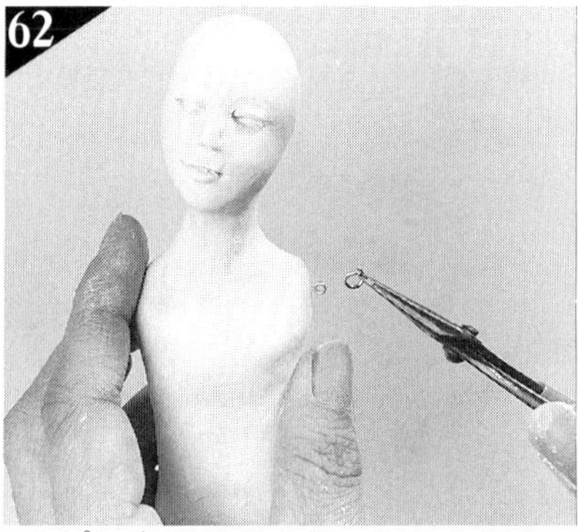

9ピンを手足各2個、胴に4個をそれぞれの位置につけます。

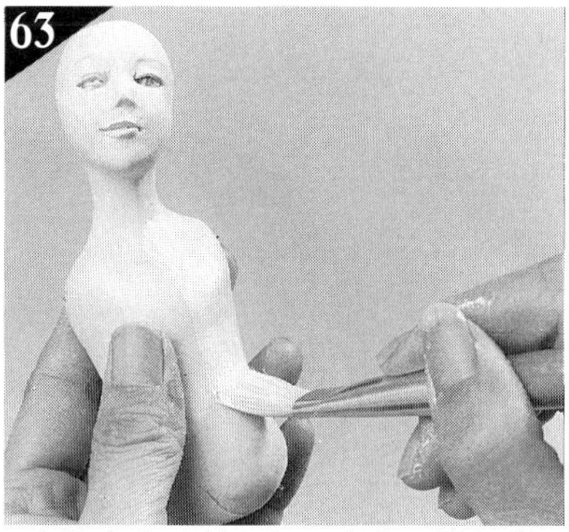

全体をよく乾かしてから、肌に着色します。

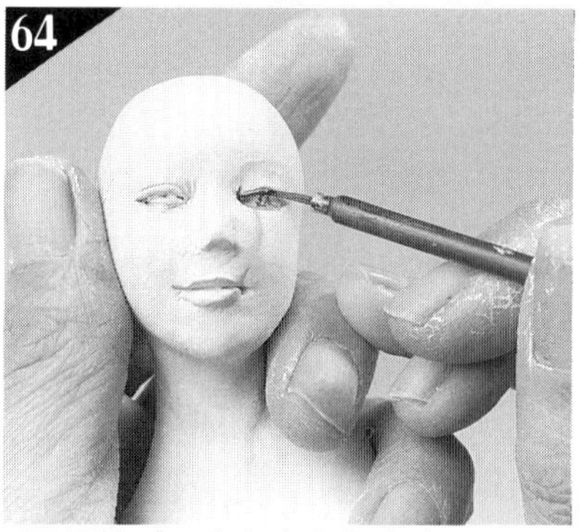

面相筆で目をかき入れます。

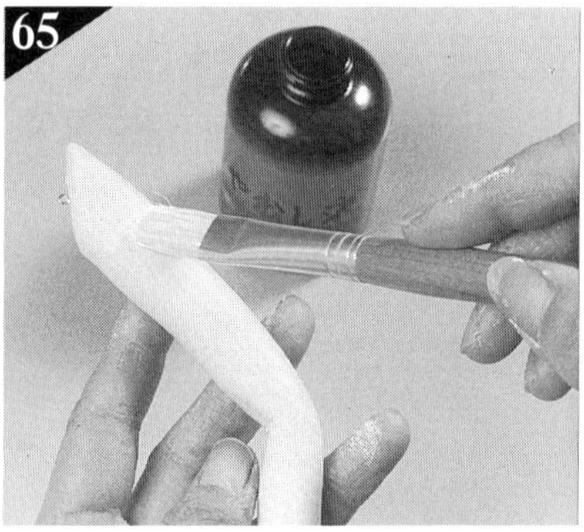

つや出し液を塗って、つやを出します。

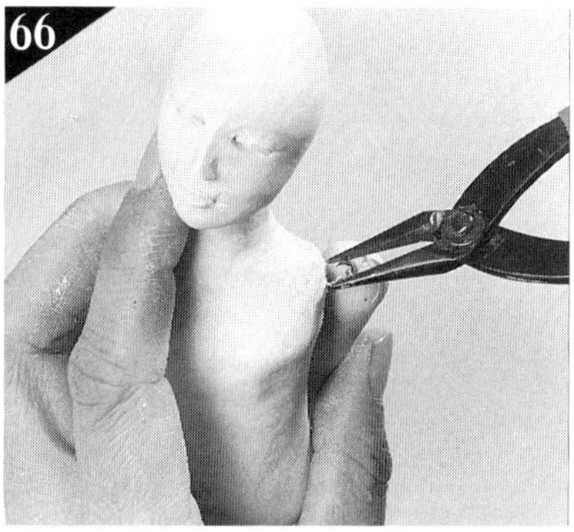

丸カンを胴体4個の9ピンにつけ、手足をつけます。

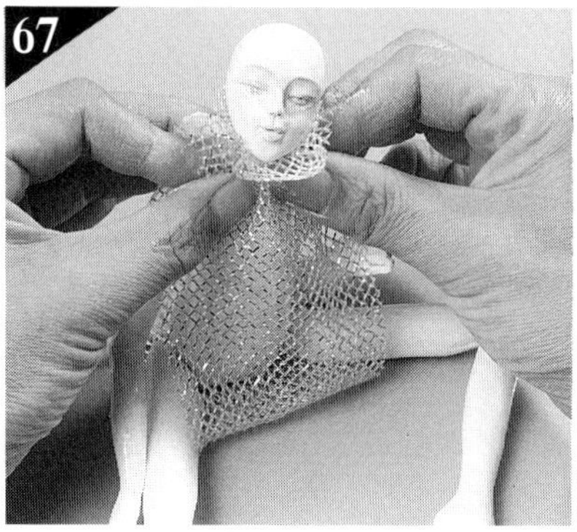

ラメレース布を胴下から前後に渡して首側でギャザーを寄せて止めます。

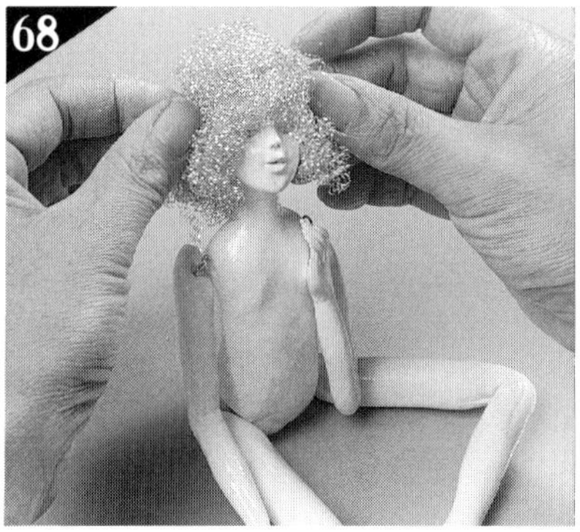

リリアン糸をほぐして髪を作ります。頭にボンドで髪をつけます。

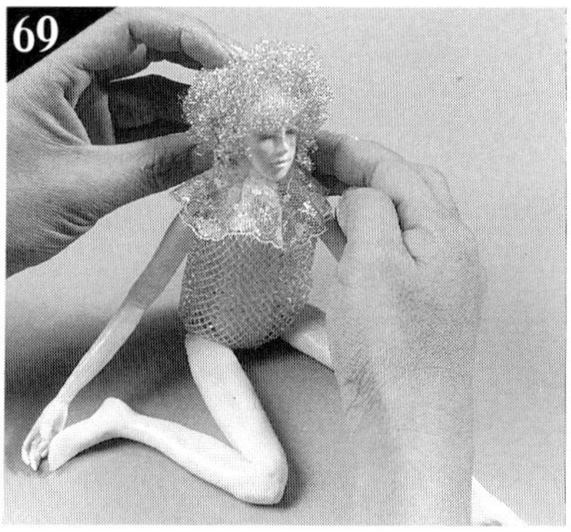

縁レースにギャザーを寄せ、首回りに巻きつけて仕上げます。

クリスマスツリーのモビール　口絵24ページ

材料　粘土½個。ゼムクリップ10個。テグス。鈴。スパンコール。ラメ。9ピン

作り方のポイント　つるす木は厚さ1cm位に作り、ゼムクリップのつり手を差し込みます。

ツリーは粘土を5ミリ厚さに伸ばしてクッキーの型で7枚をくり抜き、つり手のクリップを差し込みます。

7枚のツリーに図のように飾りをつけます。つり手にテグスをつけ、つるす木にバランスよく下げます。

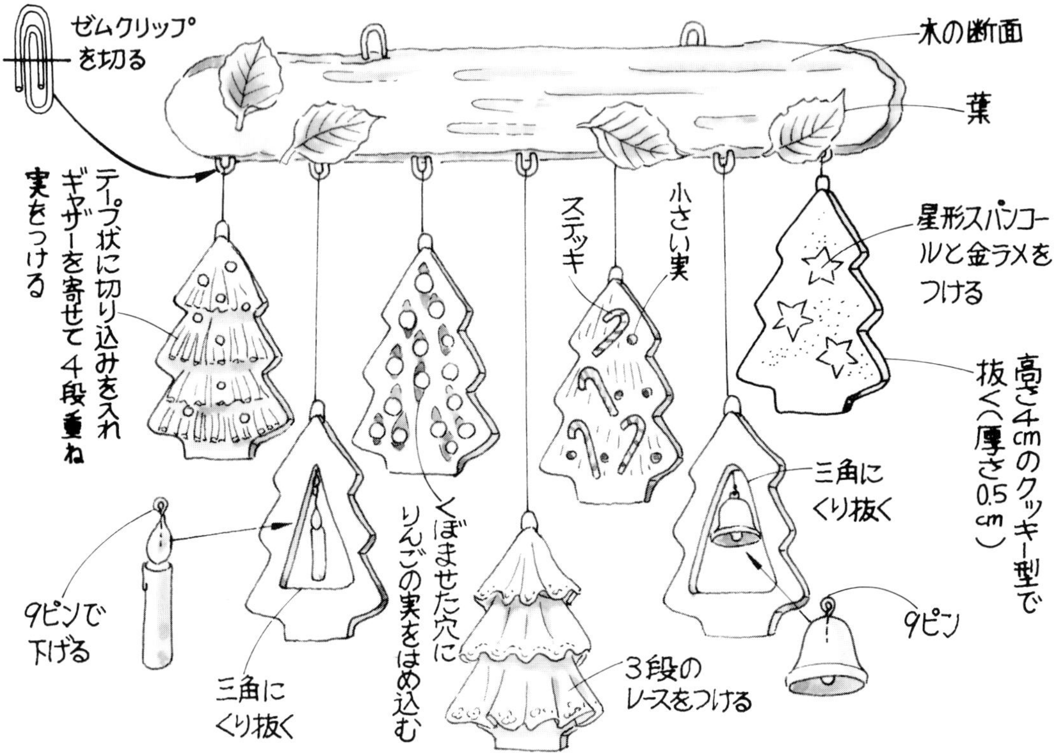

ミニプレゼント　口絵24、25ページ

材料　粘土少々。

作り方のポイント　残った粘土を利用して楽しめる作品です。

形、大きさも自由です。包装の色、模様、リボン飾りをデザインします。

クリスマスプレゼントには華やかに、色も金や銀を使い、リボンも大きめにつけましょう。

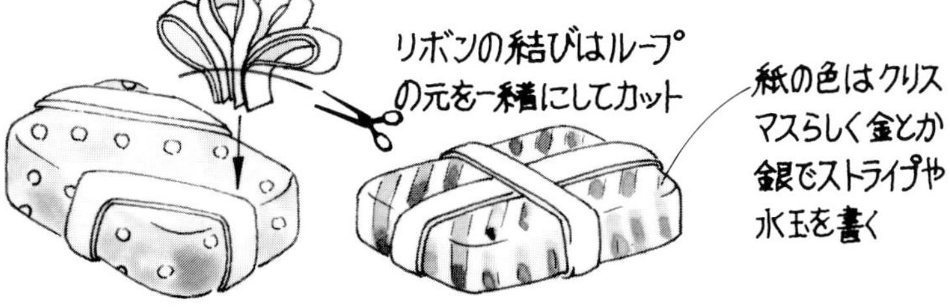

クリスマス飾り、金の葉 口絵24ページ

材料　粘土少々。22番ワイヤー。

作り方のポイント　葉は厚さ5ミリ位に粘土を伸ばして葉形にカットし、葉脈を入れます。実はビーズ位の大きさのもの約15粒を中高にまとめてボンドでつけます。茎はワイヤー入りで約12cm長さに作ります。リボンは表情をつけて飾ります。

16cm

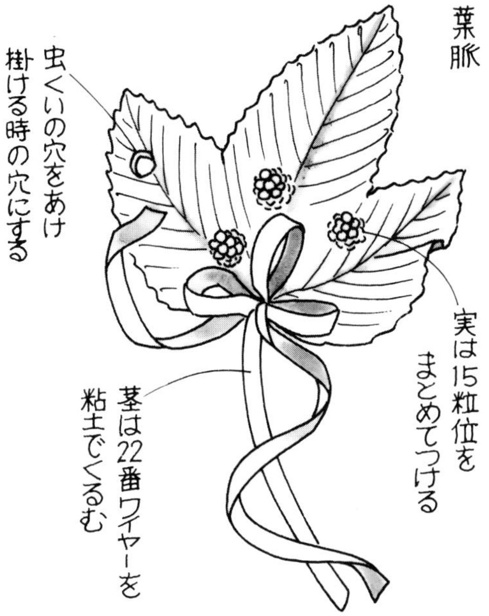

クリスマスツリーの壁掛け

口絵25ページ

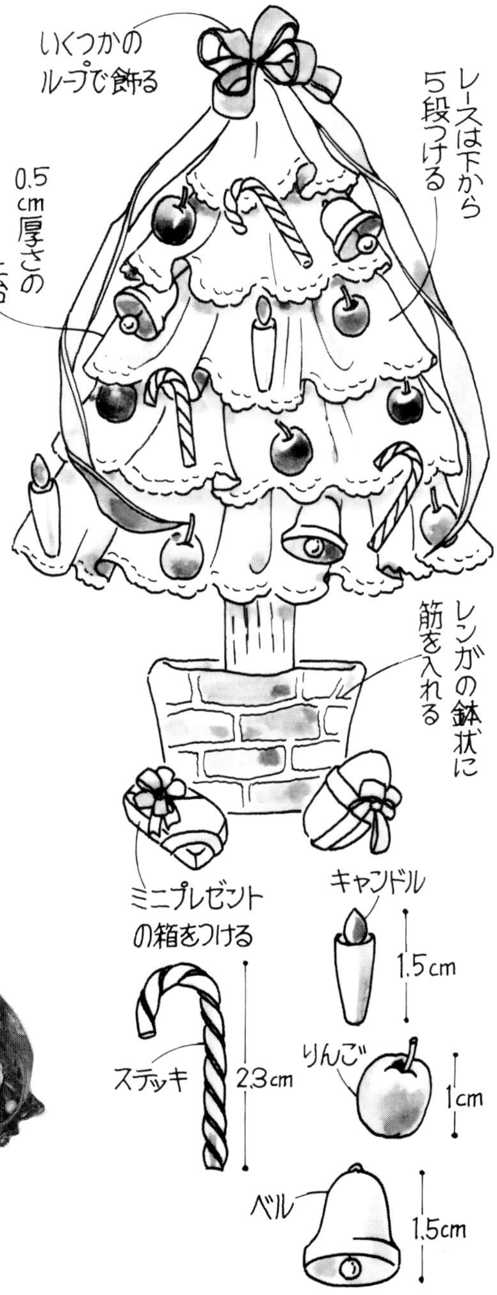

材料　粘土少々。18番ワイヤー。

作り方のポイント　粘土を厚さ5ミリ位に伸ばし、幅13cm位のツリーにカットします。18番ワイヤーを曲げてツリーの上に差し込んで、つり手にします。

植木鉢は4cm×15cmの長方形にカットし、レンガ風に筋をつけます。長方形を輪にして底はくっつけ、口側は幅を出します。植木鉢にツリーを入れてつけます。レースは3cm幅に作り、ギャザーを寄せながら下段からつけます。レースの上に飾りとリボンをつけます。

13cm

キャンドルスタンド2種 口絵24、25ページ

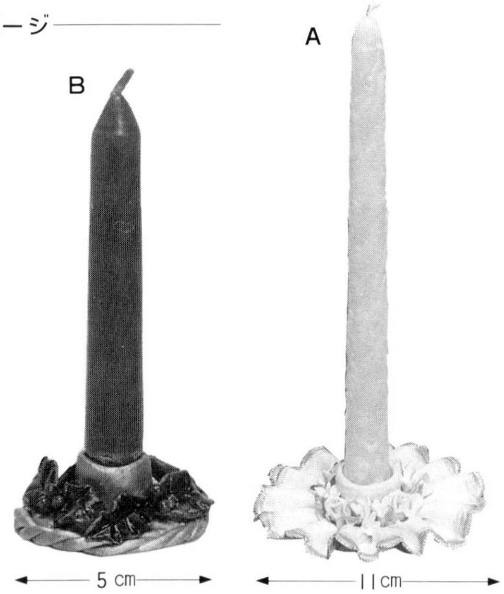

A材料　粘土少々。

作り方のポイント　厚さ5ミリに粘土を伸ばし、土台は直径7cmにカットします。中央にキャンドル立てをつけます。レースは4cm幅で約50cm長さに作り、ギャザーを寄せながらキャンドル立ての回りにつけ、押型で押さえます。回りに花と葉を飾ります。

B材料　粘土少々。22番ワイヤー。

作り方のポイント　土台はAと同じ要領で直径4cmにカットします。回りに2本どりのねじりロープをつけます。キャンドル立てをつけます。別にヒイラギの葉2枚に実をつけたもの3組を作って土台に飾ります。

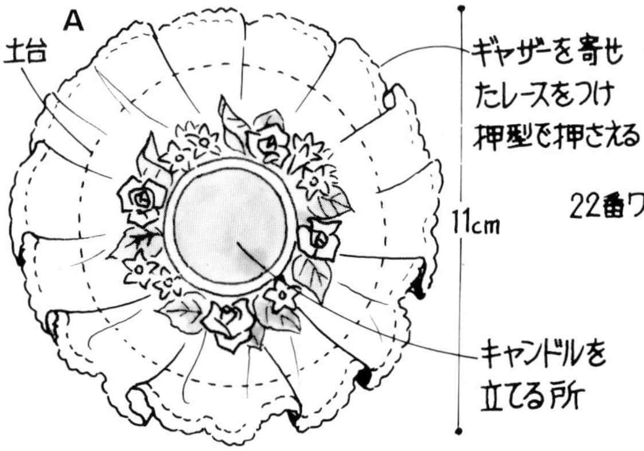

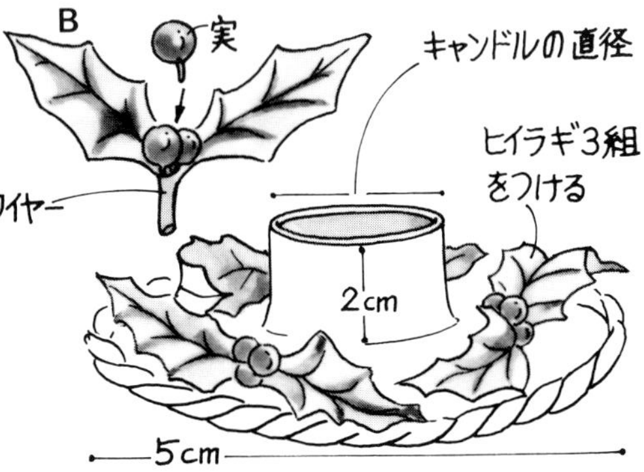

ミニリース2種

口絵24、25ページ

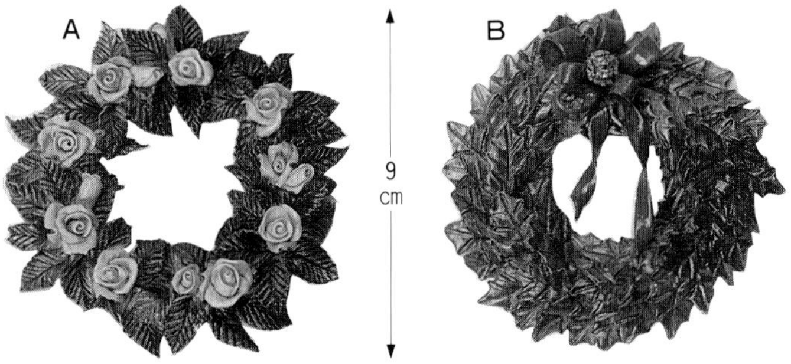

材料　A、B共粘土½個。18番ワイヤー。

作り方のポイント　A、Bは飾りが違うほかは同じです。

リースボディーは粘土のロープを輪にして作り、ワイヤーを曲げたつり手を差し込みます。

飾りはAにバラの葉と花、Bにヒイラギとリボンをバランスよくつけます。

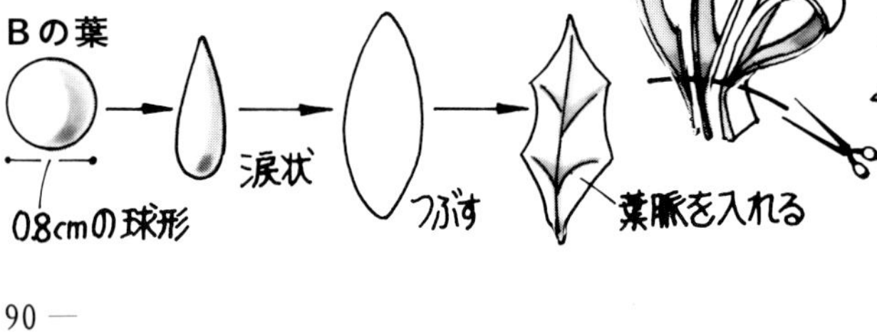

ミニチューリップ 口絵23ページ

材料　粘土１個。22番ワイヤー。

作り方のポイント　①型は小さなボールを使います。②底面は粘土を伸ばして円形のものをのせ、縦芯は３ミリ直径のロープを９本(奇数)つけます。③編み芯は縦芯と同じロープを作り、編み込んでいきます。④深さ約４㎝まで編み、余分のロープを切り取ります。⑤底にもう１枚底面をのせてつけます。⑥底回りに２本のロープをねじってのせます。⑦生乾きの時に型からはずし、少しだ円につぶします。⑧縁に底回りと同じロープをつけ、ワイヤー入りの手をつけます。⑨図のようにチューリップを作り、バスケットに差します。

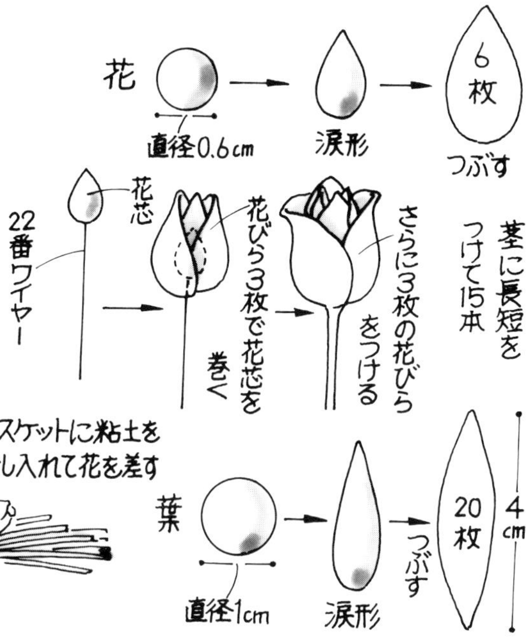

ミニマーガレット 口絵23ページ

材料　粘土１個。22番ワイヤー。

作り方のポイント　バスケットはだ円の型を使います。縦芯は直径５ミリ、編み芯は直径２ミリ位の細いロープで、上段のミニチューリップのバスケットの要領で編みます。

　マーガレット、小花は各20本、葉は40枚を作り、バスケットに盛り込みます。

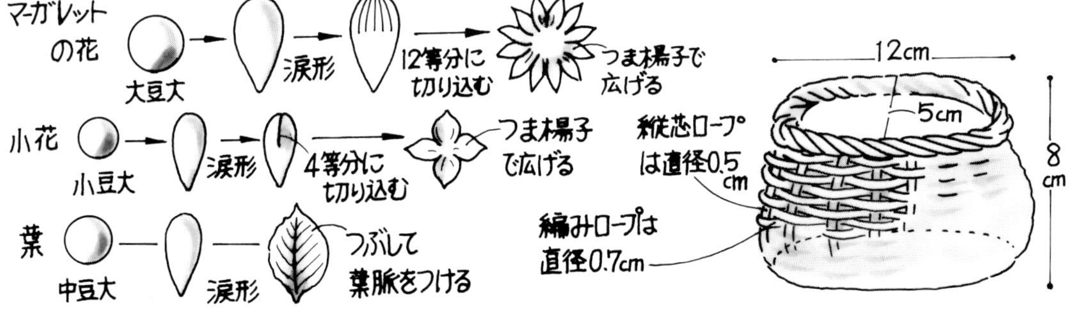

ストック　口絵5ページ

材料　粘土10個。22番、18番ワイヤー。発泡スチロール。

作り方のポイント　1本のストックは下の図を参照して、つぼみから18番ワイヤーを添え粘土を巻きつけながら、つぼみ15輪、中開10輪、全開15輪を三角形になるように取りつけます。花は12本、葉は大小で30枚用意します。

バスケットは直径18cmの空カンを型にして縦芯に2本どりロープ11本、編み芯を平ロープでぐるぐると編みます。縁は3本どりねじりロープをつけ、しっかりと作ります。

バスケットにストックを差し込みます。

1本の組み方

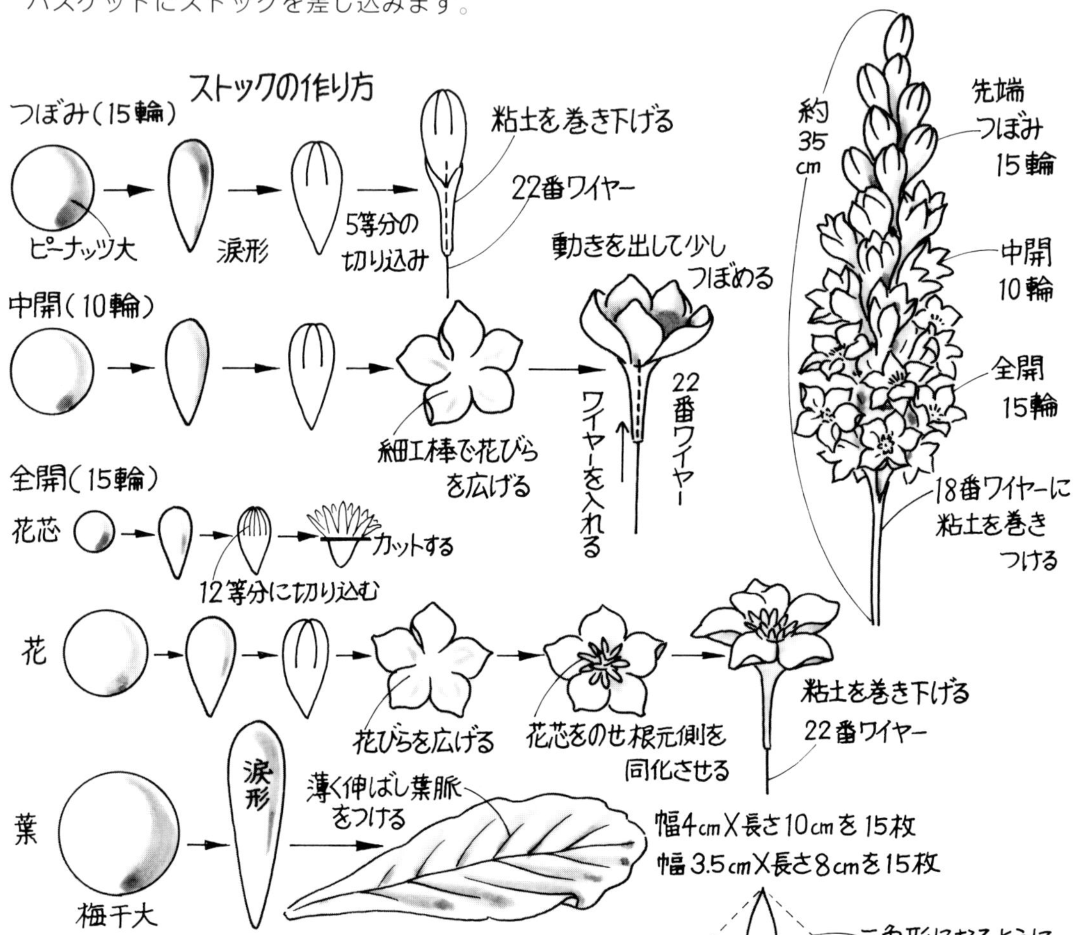

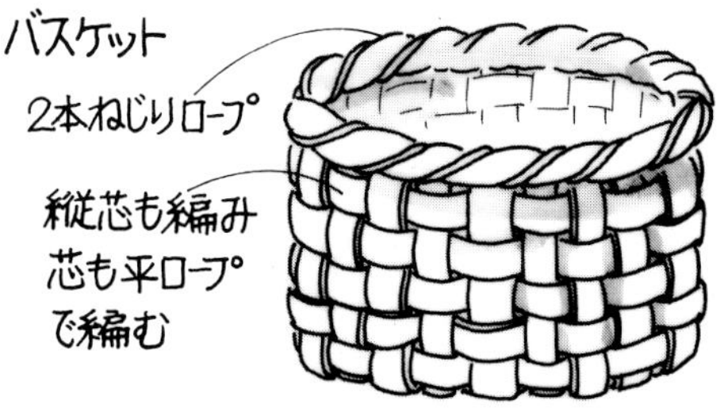

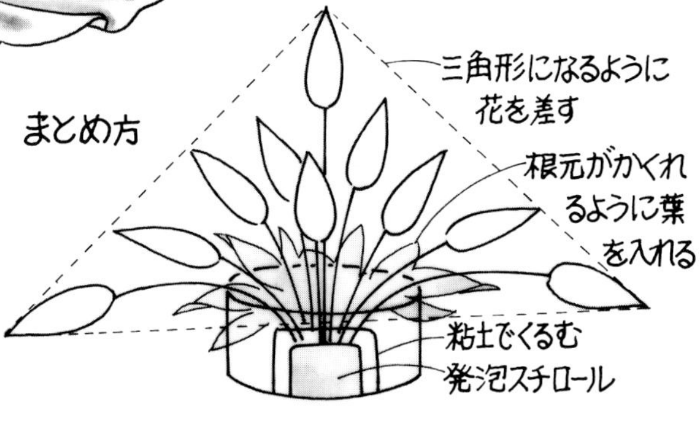

フルーツのレリーフ　口絵23ページ

材料　粘土２個。22番ワイヤー。30㎝角のパネル。

作り方のポイント　パネルに61ページの要領で粘土をつけます。バスケットは58ページを参照してネット状に作り、ティッシュペーパーを丸めた型でふくらみを出してつけます。

バスケットの手をつけます。次にフルーツ、花(マーガレットは91ページ参照)を作って盛りつけます。

パネルの回りにねじった細いロープをつけます。可愛い色づけになりますから、パネル回りはシックにして全体を押さえます。

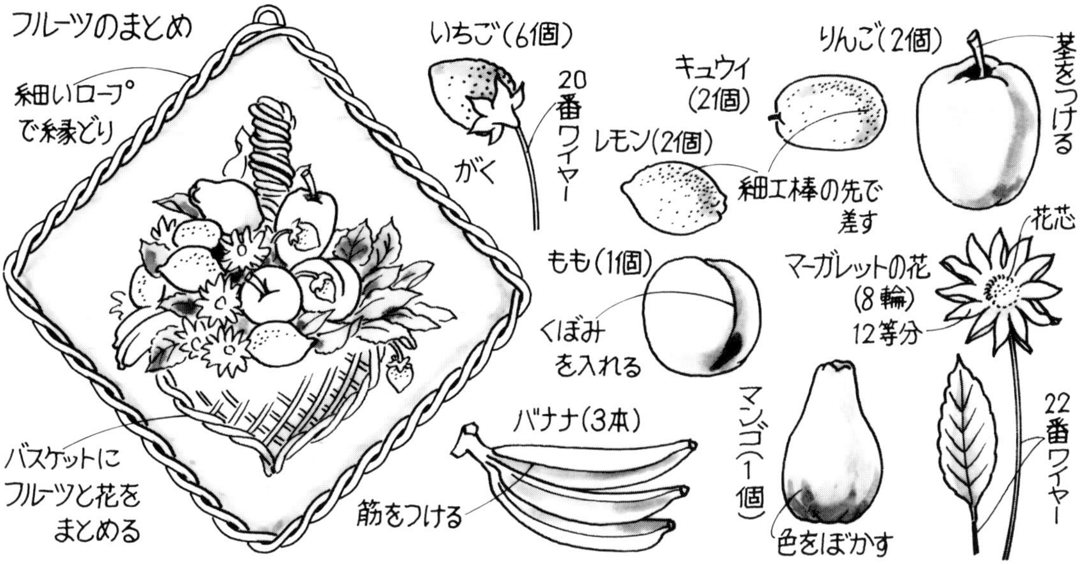

花のレリーフ　口絵27ページ

材料　粘土３個。22番ワイヤー。パネル(35㎝×25㎝)

作り方のポイント　①バラ６本、ストックは大小で６本、ストックの葉15枚、リボンの結び４個、たれ２個をワイヤーつきで作ります（バラは44ページ、ストックは92ページ、リボンは66ページを参照)。②パネルに粘土をしごくようにすりつけます。③直径５㎝の粘土をパネルの中心より少し下に盛りつけて土台にします。④土台にバラを間隔をあけてバランスよくつけます。⑤ストックで三角形になるよう立体的に動きを出し、葉とリボンをつけます。

彩色はバラをアクセントにし、回りの花は柔らかくします。パネルの縁は黒をぼかします。

ピエロ 口絵20ページ

材料　粘土は１体分で¼個。洋服は合織のラメ布を91cm幅で30cm、チュールレースを20cm幅で40cm、合織レースを３cm幅で20cm、直径１cmのボンボン。

作り方のポイント　頭、手、足は82ページのマリオネットを参照して作ります。頭はボディーを続けて作りますが、体の線は大まかにまとめます。

手足は洋服にはいる分５cm位を長く作ります。顔をかき、足の靴部分を塗ってつやを出します。

洋服を縫い、裾に足を差し込んでボンドでつけます。袖にも同じように手をつけます。ボディーに洋服を着せ、首回りを縫い縮めます。レースはギャザーを寄せて２段につけます。帽子はトップにボンボンをつけて頭にボンドでつけます。

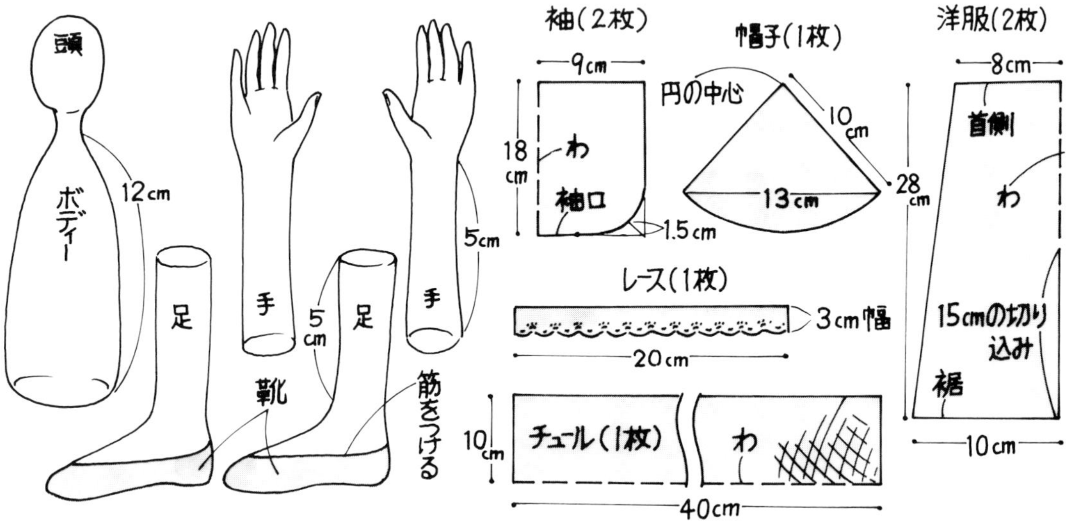

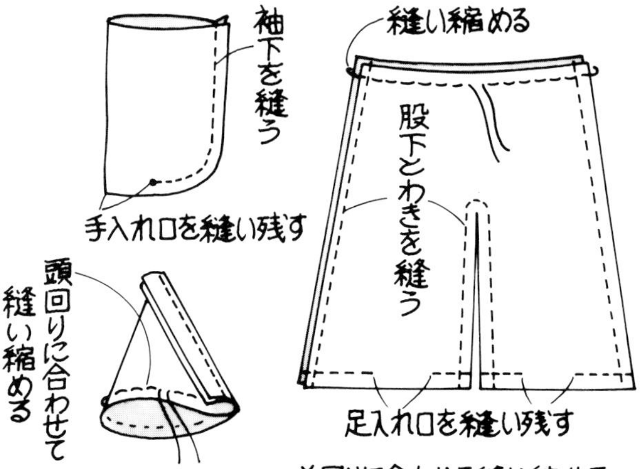

G

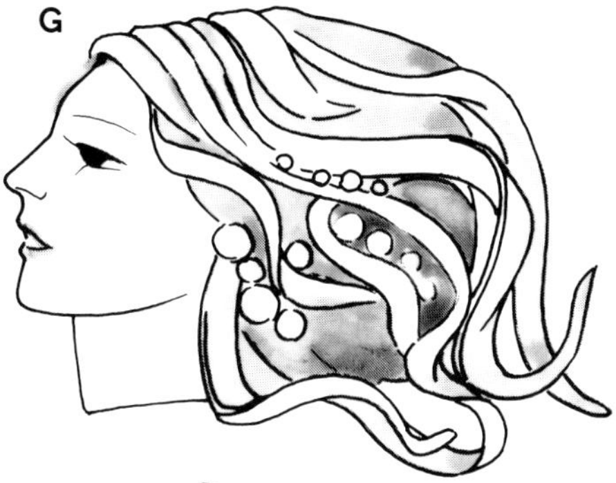

アクセサリー実物大型紙

可愛らしいものからラメを散りばめたシックなものまで、ほんの少しの粘土で、素敵なアクセサリーが、次々に作り出せます。素材が軽いので、割合に大きなものでも実用に耐えますが、花などは高さ 2 ㎝位にまとめて体にフィットするように作るのがコツです。

ドレスに合わせるほか、ベルトや手提げにつけるのもしゃれた装い方です。

(口絵16、17ページ掲載)

B

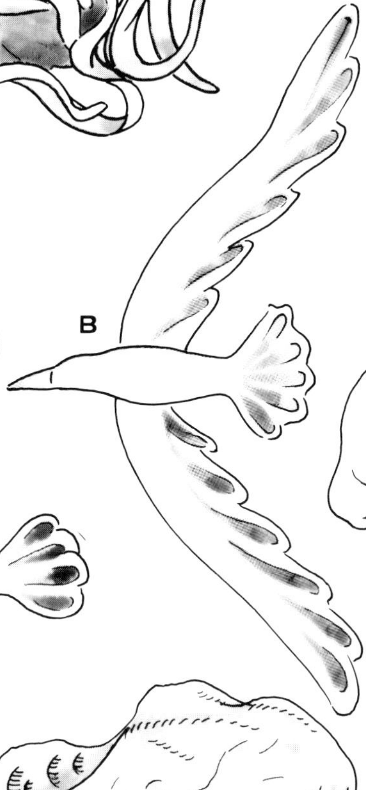

A

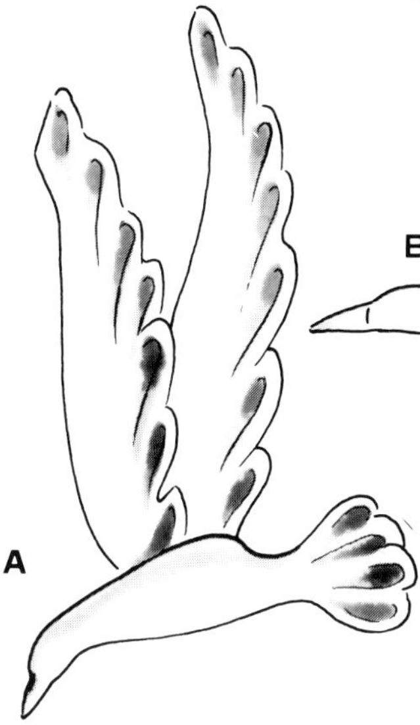

E

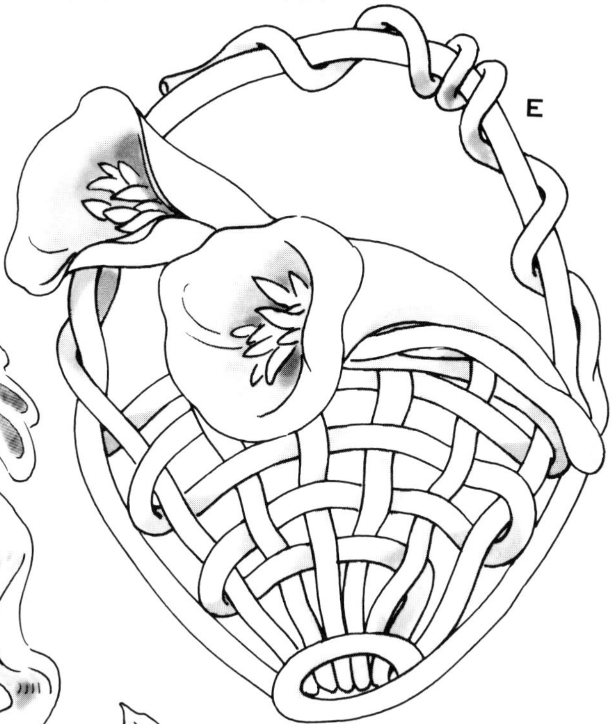

C

F

D

ミニバラの花かご　口絵23ページ

材料　粘土少々。22番ワイヤー。

作り方のポイント　型（プリン型）をラップでくるんだら、底面をのせます。平ロープの縦芯を数本のせ、ねじりロープですき間なく巻きます(54ページ参照)。縦芯は接着剤の役目で置くので、本数はこだわりません。乾燥してから型を抜き取り、縁どりをします。バラの花25輪、葉20枚はワイヤーをつけて作ります。でき上がっているかごに粘土をつめ、そこに花や葉を丸い形になるようにぎっしりとつめて差します。

小さいバラかごのほうはフィルムの入れ物を型にしました。

六角形のバスケット　口絵12ページ

材料　粘土３個。18番ワイヤー。

作り方のポイント　六角形のお菓子の空箱を利用して型に使いました。底は、薄く伸ばした粘土を、六角の底に合わせてのせます。側面は直径５ミリ位のロープを斜めにのせながら型回りを１周し、その上に、逆斜め(前のとクロスする)になるようにのせながらネット状に作ります。六角形のかどがしっかりと出るように押さえます。

手はワイヤーがはいった細めの３本ねじりロープ２本を表に、裏に平ロープを合わせて作り、カーブさせてつけます。

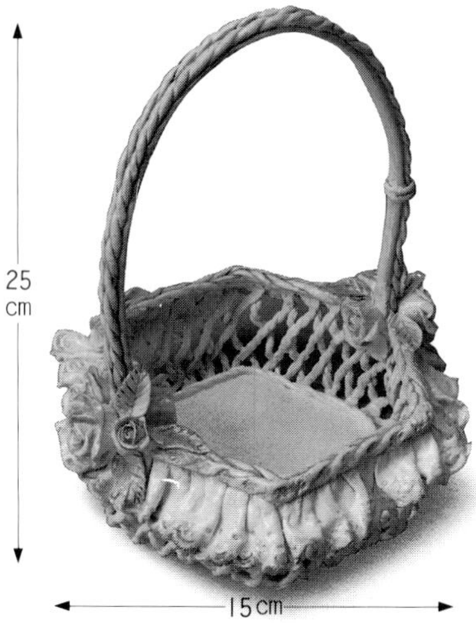

濃紺の器　口絵14ページ

材料　粘土は大に２個、小に１個。

作り方のポイント　ひまわりの花をイメージにして作りました。型はサラダボールを使います。

底面はロープをネット状に置き、円形にカットします。花びらは１枚ずつ作ります。まずロープで花びらの形を作り、その中にネット状のロープをのせて花びら回りをカットローラーで形に切ります。花びらは20枚位作り、型回りを２周してでき上がります。

彩色は、あい色のべた塗りで仕上げます。

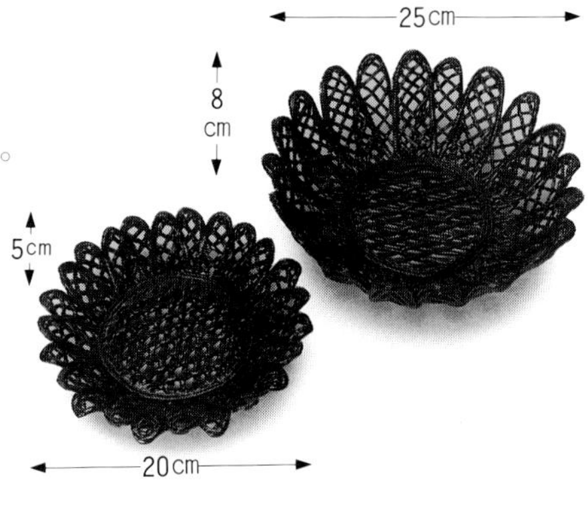

ロバの鉢カバー　口絵８ページ

材料　粘土は大に５個、小に３個。

作り方のポイント　ロバの胴はだ円の型（適当な型がない場合は厚紙で作る)を使い、46ページのバスケットの要領で編み、ねじりロープで縁どりをします。足は４本作っておきます。頭に耳をつけ、くつわはテープ状に切った粘土に押型で模様をつけて作り頭につけます。

乾燥後にそれぞれをボンドで組み立てます。彩色はバスケットからふき取り法でまとめます。

レース飾りのトレー　口絵12ページ

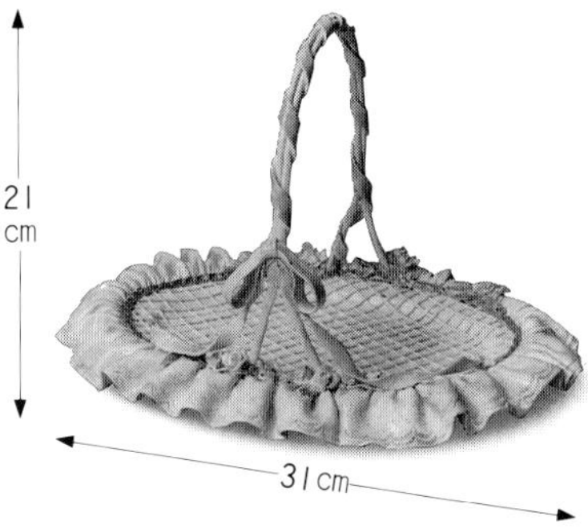

材料　粘土２個。18番ワイヤー。

作り方のポイント　26cm×18cmのだ円形に伸ばした粘土に、直径２ミリに伸ばした細いロープを細かい目のネット状に置いてつけます。縁のレースはギャザーを寄せてつけます。

手はワイヤー入りロープ２本を、つけ根部分でＶ形に開いてつけます。つけ根には補強をかねてリボン、バラの花を作って飾ります。本体が優しいムードなので、飾りも可愛らしくデザインします。

彩色も淡く、優しい色に仕上げます。

ナプキンリングと小物入れ　口絵22ページ

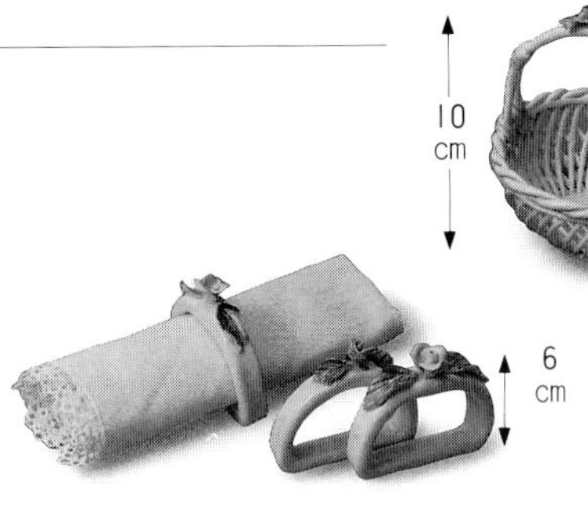

材料　粘土はナプキンリング１個分に少々。小物入れに１個。18番ワイヤー。

作り方のポイント　ナプキンリングは、粘土を直径１cm位のロープに伸ばして軽くつぶし、15cm長さに切ります。それを中央の高さが約６cmになるように、かまぼこ形のリングに作り、継ぎ目は分からないように水でならします。上にミニバラと葉をつけます。

小物入れは円形のガラス食器などを型にし、本体は73ページ、手は53ページを参照して作ります。

スタンドと小物入れ　口絵22ページ

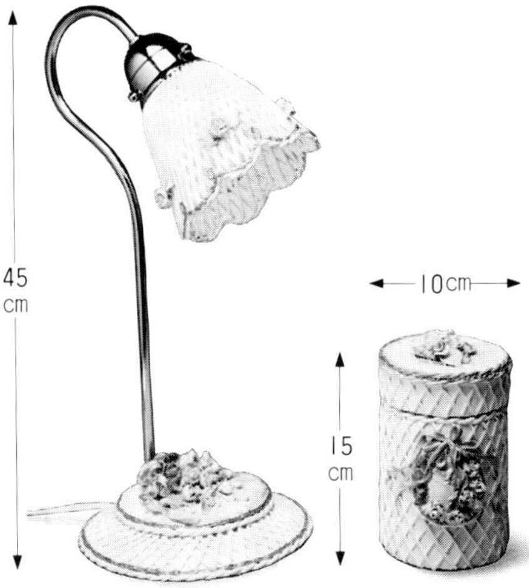

材料　粘土は電気スタンドに３個、小物入れに１個。

作り方のポイント　電気スタンドのかさの型は小鉢です。型の回りに細いロープを斜めにのせて１周します。さらに逆斜めにして１周すると、ロープがネット状にのります。縁回りをスカラップ状にカットし、１本のロープで押さえます。台も粘土を薄く伸ばして張った上に、かさと同じように細いロープをのせ、ブーケのように小バラを飾り、リボンをあしらいます。

小物入れは茶筒を型にし、台と同じ要領で作ります。

ミニバラ飾りの白いバスケット　口絵13ページ

材料　粘土４個。18番ワイヤー。

作り方のポイント　身近にある洗面器などが型になります。ロープは直径３ミリ位の細いものを数多く使いますから、乾燥しないうちに手際よく作ることが必要です。粘土によくなれて使いこなせる方におすすめします。

底を上にした型に斜めにカーブをつけながらロープを細かくのせます。１周後、縁を折り山にしてロープを外側に折り返し、ネット状になるようにカーブをつけてのせて形を整えます。縁のカーブを上手に出しましょう。

変型バスケット 口絵2ページ

材料　粘土10個。18番ワイヤー。

作り方のポイント　変型舟底の型を作り縦芯のロープを渡しますが、バスケットの編み地より片側20cm、もう片側は10cm位長く必要です。編み芯は平たくつぶして編みます。両サイドの縦芯をまとめて形作って乾燥させます。縁どりをしますが、縁のロープには、細いロープをからませて面白さを出します。

彩色はべた塗りにしても、ふき取りにしても、それぞれ違った趣きがでて楽しいでしょう。

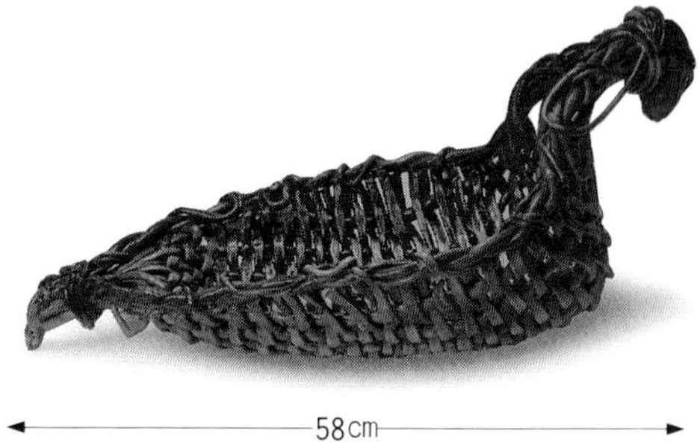

街並みの器 表紙カバー

材料　粘土15個

作り方のポイント　厚さ5mm～10mmを板状にのばし、好みの家の形をカットし、窓・ドア・屋根を表現します。ミニチュアの家を20件ほど用意します。

粘土で好みの器に合わせて型取りしたベースを作り、乾燥させておきます（一週間）。

柔らかな粘土を七本針で、草・木・道と表現しながら、ミニチュアの家を接着剤をつけながらベースに埋め込み仕上げます。

七本針で細かく草木の表現テクニックを楽しみます。

エレガントなロープバスケット 口絵13ページ

材料　粘土3個。18番ワイヤー。

作り方のポイント　型は洗面器を使いました。作り方は76ページのバスケットと同じ要領です。縁どりは本体のループにロープをからませるようにリズム感を出して巻きます。手つけ位置が不安定のため、リボンをつけて飾りと補強をかねます。

重い物を入れるには不向きですが、インテリアとして置くには、エレガントなバスケットです。

彩色はパールをかけて柔らかな色合いにします。

マガジンラック2種 口絵11ページ

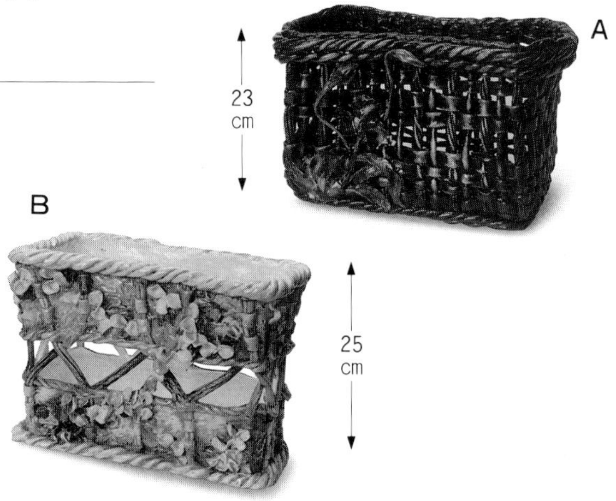

A材料　粘土10個。

作り方のポイント　型は大箱を利用し、抜いた後、少し変形させました。ボリューム感を出すため、縁に3本のねじりロープを中心に、内外に2本のねじりロープで三重。

B材料　粘土15個。

作り方のポイント　型はAと同じ。花びらは本体が乾かぬうちに1枚1枚つけて自由に表現します。縁どりは底もつけ安定感を。

手のついた平バスケット　口絵14ページ

材料　粘土６個。18番ワイヤー。

作り方のポイント　底から側面へ立ち上がり５㎝位までは46ページのバスケットと同じ要領で編みます。乾燥後、型からはずして縁にねじりロープを回しづけます。次にワイヤー入りロープをＵ字形に曲げて５㎝位の高さに作り、少しずつ重ねながらつけて高さを出します。その上に縁どりのねじりロープを回しづけます。側面途中の縁どりの外側に三つ編みロープを回しづけます。彩色は渋い重ね塗り。

フルーツ飾りのかご　口絵12ページ

材料　粘土10個。

作り方のポイント　型は寸法の形に厚紙で作ります。底面は粘土を伸ばしてのせ、縦芯はロープ２本どりで奇数にのせます。編み芯は平ロープに作り、67ページのバスケットの要領で編みます。縁はねじりロープを三重につけてボリュームを出しました。

バスケットは白、縁をグリーン、フルーツはミニのレモン、リンゴ、ぶどうなどを明るい色で塗ってまとめます。しっかりした実用果物入れです。

ワインラックとトレー　口絵28ページ

材料　粘土はワインラックに８個。トレーに½個。18番ワイヤー。

作り方のポイント　ワイン２本が斜めにはいる位の型をボール紙で作ります。ロープは１本ずつ交差するように斜めに置いてネット状に編み込み、乾燥しかかった時に型からはずして中心を少しつぶします。ワイングラスがはいる位のリング状の手をつけます。

お皿を型にしてトレーもおそろいに――。

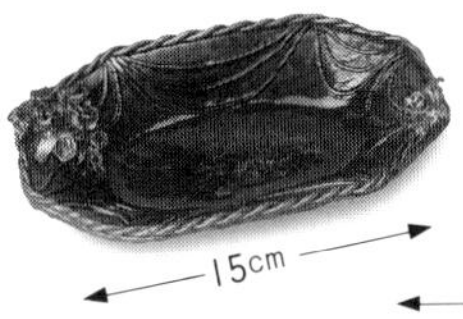

高さのある鉢カバー　口絵10ページ

材料　粘土12個。

作り方のポイント　高さがある鉢カバーはボリューム感があります。筒の直径と高さ、バスケットの大きさのバランスがよいことが大切です。

筒の型は紙筒か空かん、またはボール紙で作ってもよく、粘土を巻きつけて土台中央に立てます。別にバスケットを作って、それぞれを乾燥させた後、ボンドでしっかりつけます。

彩色は赤茶で飾りのバラも一緒に塗り、ふき取り法でアクセントをつけます。

あけびのバスケット　口絵８ページ

材料　粘土20個。18番ワイヤー。

作り方のポイント　型はプラスティック容器を使います。底面は粘土を３ミリ厚さに伸ばします。縦芯は直径1.5cm位の太いロープを２本どりにしてのせ、編み芯は直径１cmのロープできっちりと編み込みます。編み上げた後､底面をもう１枚のせます｡縁は２本どりロープをねじって回しづけ、日数をかけて乾燥させます。手はワイヤー入りロープでしっかりと作ります。彩色はべた塗りで２度塗り重量感を出します。

バラ飾りの白い鉢カバー　口絵10ページ

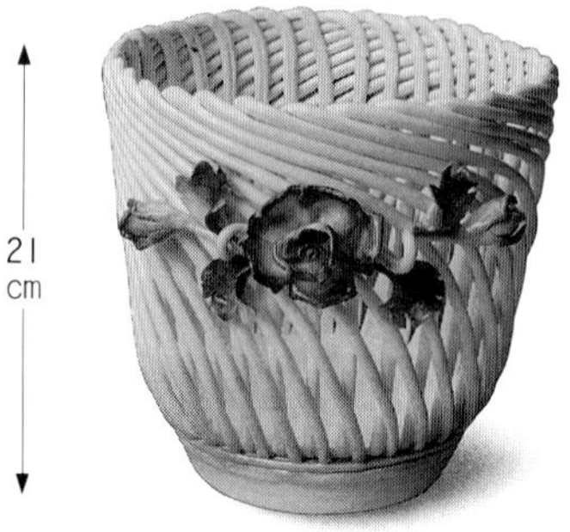

材料　粘土６個。

作り方のポイント　この鉢カバーは、直線と曲線をミックスさせ、作品に動きと柔らかい雰囲気を出しています。

口の直径20cm、底の直径16cm、高さ18cmの型を用意します。ロープは直径５ミリで長さは型の高さの２倍に10cmを加えた寸法にして33本作ります。型の上にロープを縦に１本ずつつけ、口側を折り山にして、カーブさせながら底側にもどし、ネット状に形作ります。底面回りに糸底をつけて乾かします。

側面にバラの花２輪、つぼみ４輪、葉８枚をつけます。

高さのあるインテリアかご　口絵２ページ

材料　粘土15個。18番ワイヤー。

作り方のポイント　底がつぼまったバケツを型にします。縦芯を９本置いてから、軽くつぶしたロープで編まずにぐるぐると巻き下げます(54ページのバスケットを参照)。両サイドの寸法を長く残すため、巻き終わってから、ハサミでカーブにカットします。

手もワイヤーを入れ、本体の底から回したのと、縁どりを続けたもので本体を支え、しっかりとボンドでつけます。

彩色は茶色と金色をかけて金属を思わせるように。

籐編み風のバスケット　口絵32ページ

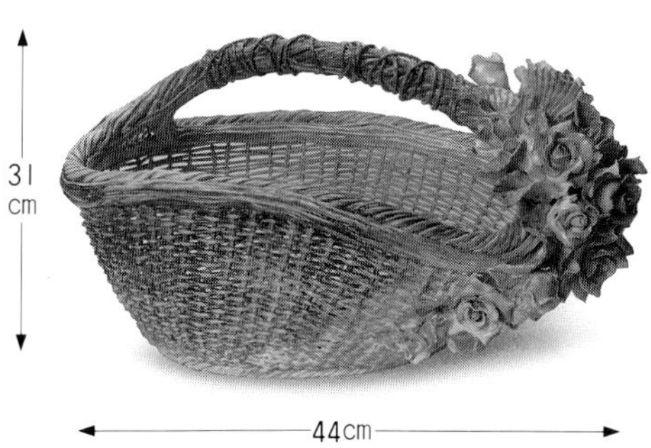

材料　粘土10個。18番ワイヤー。

作り方のポイント　型は、ポリ容器を使用します。ロープはは直径が３ミリ位の細いものを作って編みます。粘土の乾きを頭に入れ、ロープを伸ばしながら編み、またロープを作るといった繰り返しは、単純作業でありながら、余程粘土になれた方でないとむつかしい作品の一つです。

手は縁から続け、本体とのバランスを考え力強さを出します。沢山のバラで傾いた形が面白い——。

テーブルといすのセット　口絵24ページ

材料　粘土1個。発泡スチロールの器。

作り方のポイント　テーブルといすの型には発泡スチロールの型を使います。テーブルは粘土を薄く伸ばして型にかぶせてテーブルクロスに作り、面相筆で模様をかき入れます。

いすはテーブルのベージュに合わせてグリーンでまとめてみました。クッションは中にティッシュペーパーを入れて、ふくらみを出します。

テーブルの上にはミニ細工の花や料理を——。

きんちゃく　口絵9ページ

材料　粘土5個。

作り方のポイント　粘土は広い面に薄く伸ばします。

型は、後から抜き取れるような、柔らかい布、新聞紙などをまるめて粘土でくるみます。布を感じさせるように、口を絞り(型を出すのに直径5cm位開けておく)、形作ります。乾燥させてから型を少しずつ出します。

ロープは巻く分は2本どり、結び、たれ共全部別々に作ってつけます。彩色は渋い色の重ね塗りと、ふき取り法で、それだけでインテリアになるように仕上げます。

傘立て　口絵6ページ

材料　粘土4個。筒形のくず入れ。

作り方のポイント　くず入れに粘土を張りつけ、立体画をほどこします。張りつけた粘土は指先で凹凸をつけて面白さを出します。立体画の花は、ひまわり、ストック、ぶどうなど本体の粘土が乾かないうちにつけます。花びらは欠けたりしないように、あまり飛び出さないように構成しましょう。縁はねじりロープを回します。

彩色は白を土台に淡くしましたが、強めの色で、ふき取り法にしても、面白いのができます。

貝のような大きな器　口絵31ページ

材料　粘土30個。

作り方のポイント　直径60cmもの大きさですから、型はタライなどを基にして舟底型に補足して使います。粘土は重量感が出るように厚みを1cm以上にします。表面は単調にならないように凹凸をつけ、立体画にストックの花をつけます。乾燥後に縁を大胆な動きを出しながらつけます。色は淡色。

これだけの粘土を伸ばすだけでもたいへんなことです。小さな器を型にして試してみては——。

全国講師名一覧

本部	布留川三枝子	岸部愛子	佐藤美江	渡辺敬子	岸野満江	寺尾まり子
DECOクレイクラフト アカデミー主宰	高野愛子	山下道子	岡村三鈴	福永佐美子	荻野かおる	古屋正子
宮井和子	**福島県**	山口照子	伊藤幸子	安波和美	室井やす子	佐藤いづみ
教授	千葉アヤ子	菊池菊枝	仁野平千佳	木村恵子	橋口清美	三田陽子
中島　翠	佐藤栄子	並木和枝	佐藤あや子	佐藤雅子	小寺ひろ子	森田房枝
本部スタッフ	高田寿子	田村光子	占部操子	植野洋子	金子美代子	浦田悦子
宮井友紀子	遠藤敦子	西浦紀子	太田真由美	矢野久子	尾崎　薫	真島フミ子
外瀬華子	志賀明美	宮倉誠子	佐藤明子	板倉眞樹子	藤川　都	本村福江
遠藤桂子	佐久間ミツ子	浜田恭子	加藤良子	五関晴子	宇田節子	北田厚子
八高朋子	中根敏子	伊達敬子	木口伸子	高橋良子	永塚則子	小倉喜久子
本部講師	青木節子	山口すみれ	黒住智子	木内幸枝	新沢圭子	和田恵美子
内藤照代	**栃木県**	本田暁世	石川婦美代	菅谷みどり	岸田澄子	渡辺和江
満尾万喜子	大木恵子	鈴木絹恵	藤　順子	吉田洋子	銀川麻里子	渋谷裕巳子
北海道	樋口由美子	高橋明子	田中良子	石塚洋子	栗林瑠美	杉中久美子
江蔵美江	河内従子	星　三枝子	山本禮子	近藤敬子	石川みどり	小林洋子
栗原則子	長谷川恵子	杉浦政子	吉田伊身	吉川好子	宇田川幸子	田村智子
大谷真知子	**茨城県**	辻　美津江	川端珠枝	福田富美子	大石智子	石内延子
森　陽子	柴田紀子	西澤和子	山崎明子	川崎百合子	河原美香子	田尻恵美子
寺下美恵子	河村芳江	高羽素子	鯨井真奈美	佐藤慶子	海老澤加代子	和田陽子
瀬戸恵子	田中晴美	長沼美江子	**千葉県**	庄司直美	高野のり子	**神奈川県**
古賀淳乃	森　芳子	増井昭子	城戸敦子	山之上多美江	今田陽子	徳田美千子
佐藤洋子	富森文子	矢島昌子	赤羽純子	日野眞佐子	高橋靖枝	西村美佐子
沼久内典子	津田祥子	白石泰子	清水弘美	高石保江	南大路悠美子	松尾貴久
小川順子	松本敏子	四方田君代	駿河弓子	末続佳子	田頭万理子	岡田昭子
残間紀美子	田綿勝子	北山美代子	古川裕子	守屋静恵	田中信子	坂本ナヲ子
向　クミ	森田恵美子	長谷部とし子	前嶋ノブ	竹内ますみ	日高晴美	秋谷晴代
小路信子	丸山敬子	新谷千秋	佐々木あかね	大地京子	宮迫眞理子	長島彰子
木村トシ子	小嶌満寿子	岡本一代	伊東利子	中村みどり	小松富士江	堀　小百合
中原恵美子	中川みや子	早川ひとみ	加藤栄子	桑本京子	丸山福江	加藤淑子
斉藤愛子	岩井洋子	谷屋順子	安藤克子	古里よし子	後藤　薫	石橋純子
杉村洋子	澁江正子	斉間晴美	五十嵐久美子	渡辺文江	吉村滋子	坂井ひとみ
伊藤洋子	庄司久美恵	稲山優美	山縣シゲミ	小崎よね子	川西千代乃	渡邊知子
竹山好子	遠藤千恵子	小渕あさ子	関　眞由美	青山美恵	永井良子	佐藤多美枝
青森県	久下谷節子	並木操子	村上幸子	亀塚清子	伊藤京子	石井あけみ
北村田鶴子	助川三千子	野中こずえ	土手えい子	高橋嘉子	佐藤桂子	高沢冨美子
岩手県	加納蓉子	藤沼智子	金原有希	千代田睦子	大橋信子	入江さち子
下坂弘子	**群馬県**	金田順子	中野博美	白形文恵	松村美枝子	石井孝子
伊藤幸江	石井裕子	渡辺裕子	佐藤京子	岡田和子	梅田孝子	神保陽子
菅井京子	塚越良子	大森邦子	永田江美子	植田優子	平形カヨ子	新保美恵子
紺野せい子	中村文代	白井御世子	内藤照代	木多洋子	加藤美根子	原田経子
榊原陽子	大嶋恵子	小島恵子	飯島勅子	前田和江	小滝代須美	門井良子
宮城県	阿部もり江	葛生とも子	小川トミ子	若島好恵	冨所みどり	坂本マツ子
馬場美知子	佐野良子	鯨井啓子	八角江美子	阪本慶子	黒岩佳子	瀧　栄美子
佐藤ちせ子	**長野県**	田村道子	青木千代	砂本啓子	高山千枝子	松本英子
成見菊恵	中川美智恵	久恒しづ子	田中久子	浦　洋子	山口かほる	橋口博子
櫻井洋美	井澤きよ子	長山由美	長谷和子	野牛千竹	山下典子	能沢雅子
草野淑美	**埼玉県**	長谷川早苗	林　博子	川端ゆかり	辛嶋鈴子	石井美智子
門脇雅子	廣部和子	久冨静枝	小池芳江	逆井直美	遠山佳子	鳥海マチ子
木村文子	鈴木八重子	中道寿枝	皆原悦子	望月広子	玉台節子	井上昭子
大宮はるみ	奥村和代	清水昌子	川内洋子	中村かづ子	中島記子	寺島ヒロ子
木村栄子	上田つや子	渡辺えり子	三上孝子	**東京都**	河原井陽子	小島法子

佐藤徳子	梶　正江	角谷しづ子	宗圓正江	鶴崎美和子	奈良崎裕子
中野渡友子	宮川美智子	田中裕子	岩井えり子	緒方敦子	澤田信子
里村満里	小柴晴美	大林登美子	二保幸子	久保山枝美子	井手典子
中原江里子	岡田正子	上田美津江	川口淳子	倉地道子	榊　智子
蕢田道子	小柴和子	山本早映	宮崎智子	金子愛子	岡本幸子
山本智恵	高倉宣子	相楽益子	守屋裕紀子	大峰志津子	赤星文子
楠本れい子	**山梨県**	村瀬眞智子	田辺節子	藤井敦子	**宮崎県**
小笠原米美	広川藤予	藤林弥恵	田内淑子	御木いずみ	松沢眞貴子
日下部和子	森本友子	藤田澄子	多田真樹子	升永幸恵	**鹿児島県**
坂井宣子	山田ユミ子	小林美矢子	佐味光子	下村輝代	中島結子
満尾万喜子	水下ひろ美	山形都紀美	桝田敦子	園田千鶴子	脇田美砂子
早田和代	小島照美	植西敦子	高嶋道子	青木久子	**長崎県**
新田隆子	長田寿子	中井幸子	中田澄江	久満幸子	冨多久恵
箕谷昌子	早川勝子	菅井真紀子	**兵庫県**	東　佐代子	出口サナエ
宮澤仁子	桑原悦子	蘇鉄本真由美	小松智都子	野口恵美子	伊豫屋敬子
宮本政子	外川章子	休石信子	野田雅子	牧野久子	藤瀬恵子
山田恵利子	石井美好	三上恭枝	加藤久恵	藤松伸子	松本英子
小林昌代	**石川県**	野々暁美	柘植朝子	原野利枝	
佐藤広子	横山洋子	大羽幸子	新井典子	海田イク	※各講師のお問
金　敦子	**静岡県**	渡辺文子	延平真美	永川恵子	い合わせは、本
中山佳世	赤塚保美	森川圭子	安東千鶴	松嶋直子	部までお願い致
足立和子	安藤暢子	杉江豊子	松井文代	高田和子	します。
伊藤美知子	勝島久美子	木村則子	榎本和子	藤家藍春甘	〒135-0042
鈴木昭子	岡田さよ子	児玉元子	**鳥取県**	田中敬子	東京都江東区
田島満枝	大畑明子	井上伸子	東原一恵	森田喜代美	木場5-2-6
千代田三千恵	**愛知県**	森口洋子	**岡山県**	後田　麗	TEL 03-3630-2082
鈴木順子	岩田美智子	夏山美千代	西田容子	高橋美保子	
河田周子	加藤敬子	米口裕子	**広島県**	後藤満由美	
佐伯慶枝	平林せつ子	新村伸江	高橋美保子	網川恵子	
山口早苗	杉嵜ひとみ	沓水直子	大野美穂子	山本すみ子	
中井正子	横関千恵子	奥　時子	藤井とも子	四元節代	
福嶋純子	葉栗繁美	霜田知子	沖村弘子	永田由紀子	
二木明美	伊藤寿恵	**京都府**	篠田英子	大山真由美	
島田洋子	吉兼清美	丸山順子	**山口県**	山岡ハナコ	
佐藤祐子	中原敬子	山根由加	亀石孝子	松尾裕子	
曽根恵美子	渡邉弘美	三代佐智子	小林安子	西　有理	
飛芸和子	堀内　恵	田代千栄子	佐野美智江	**佐賀県**	
深澤幸子	鵜飼志を子	内山淑子	野間真弓	小林篤子	
小林ゆき	山本純子	林　美恵子	小沢圭子	石橋惠子	
関口公子	**三重県**	荒木純子	**香川県**	粟飯原祥子	
野崎晴美	山川ひろ子	**奈良県**	久保真貴子	白石真由美	
米納まり子	浜　久美子	白木千恵子	**愛媛県**	東　かおり	
島谷　薫	長嶌和子	押川典子	忽那　瞳	北島ます子	
伊藤正美	外池明美	藤岡恵子	**福岡県**	吉村千春	
若林英子	**滋賀県**	亀井芙美子	森　恵津子	松尾眞澄	
田原亜起	桐山公子	酒匂万理	荒牧暢子	槻木律子	
堀越恵子	友本岸子	**大阪府**	首藤ひろ子	竹野たつ子	
伴田典子	宮嶋鋭美	井口由美子	豊福由紀子	**大分県**	
川又かほる	村上千尋	甲斐美智子	高杉サワ子	高野スミ子	
八木早苗	穴井悦子	疋田尚子	山元信子	高野悦子	
佐々木照子	奥村美鈴	原田克子	塩屋とむ子	**熊本県**	

宮井和子《みやいかずこ》

著者紹介

粘土工芸作家　宮井和子（みやい　かずこ）
1981年DECOクレイクラフトアカデミー設立
初心者にも作りやすく、生活を豊かに彩る
粘土工芸の普及に努め、常に新しい素材を取り入れ、
質の高いオリジナル作品も意欲的に制作。
マコー社「わたしの手芸シリーズ」毎年出版　計12册（作品集を含む）
NHK出版「暮らしを飾る粘土工芸」他
NHKのテレビ出演、NHKおしゃれ工房手芸フェスティバル
全国展に多数参加。
DECOオリジナル粘土を開発し、創作活動を続けている。
全国にクレイクラフト科、クレイギフト科の教室多数。

DECOへのお誘い

（DECOクレイクラフトアカデミー全カリキュラム及び進級プロセス）

クレイクラフト科（石粉粘土を使って）
初等科（10作品）→ 中等科（10作品）→ 高等科（10作品）→ 講師資格検定 → 研究科

クレイギフト科（ソフト粘土を使って）
基礎科（10作品）→ デザイン科（10作品）→ 講師資格検定 → クリエイティブ科

●随時入会できます
●各科とも終了申請後進級していただきます
●月謝制で、1レッスン2時間、月3回です

※全国各地にお教室がございますので、下記までお問い合わせください。

DECOクレイクラフトアカデミー本部（主宰　宮井和子）
〒135-0042　東京都江東区木場5-2-6　TEL03-3630-2082　FAX03-3630-2024
なお、本部の認定なく教室指導することはお断りいたします。

●シリーズ／わたしの手芸
〔増補改訂版〕**粘土工芸**－焼かない陶芸－

著　者　宮《みや》井《い》　和《かず》子《こ》
発行者　田波　清治
発行所　株式会社　マコー社
〒113-0033 東京都文京区本郷4－13－7
TEL　東京(03)3813-8331（代）
FAX　東京(03)3813-8333
郵便振替／00190－9－78826
印刷所　大日本印刷株式会社

平成15年7月17日　改訂初版発行

ISBN4-8377-0303-8